Jupernatural

Ilustración de tapa: *Starry Night Sky*
Katia Setti, óleo sobre lienzo, 2019, USA

Impreso en los Estados Unidos

718-221-6900
WWW.MYJLI.COM

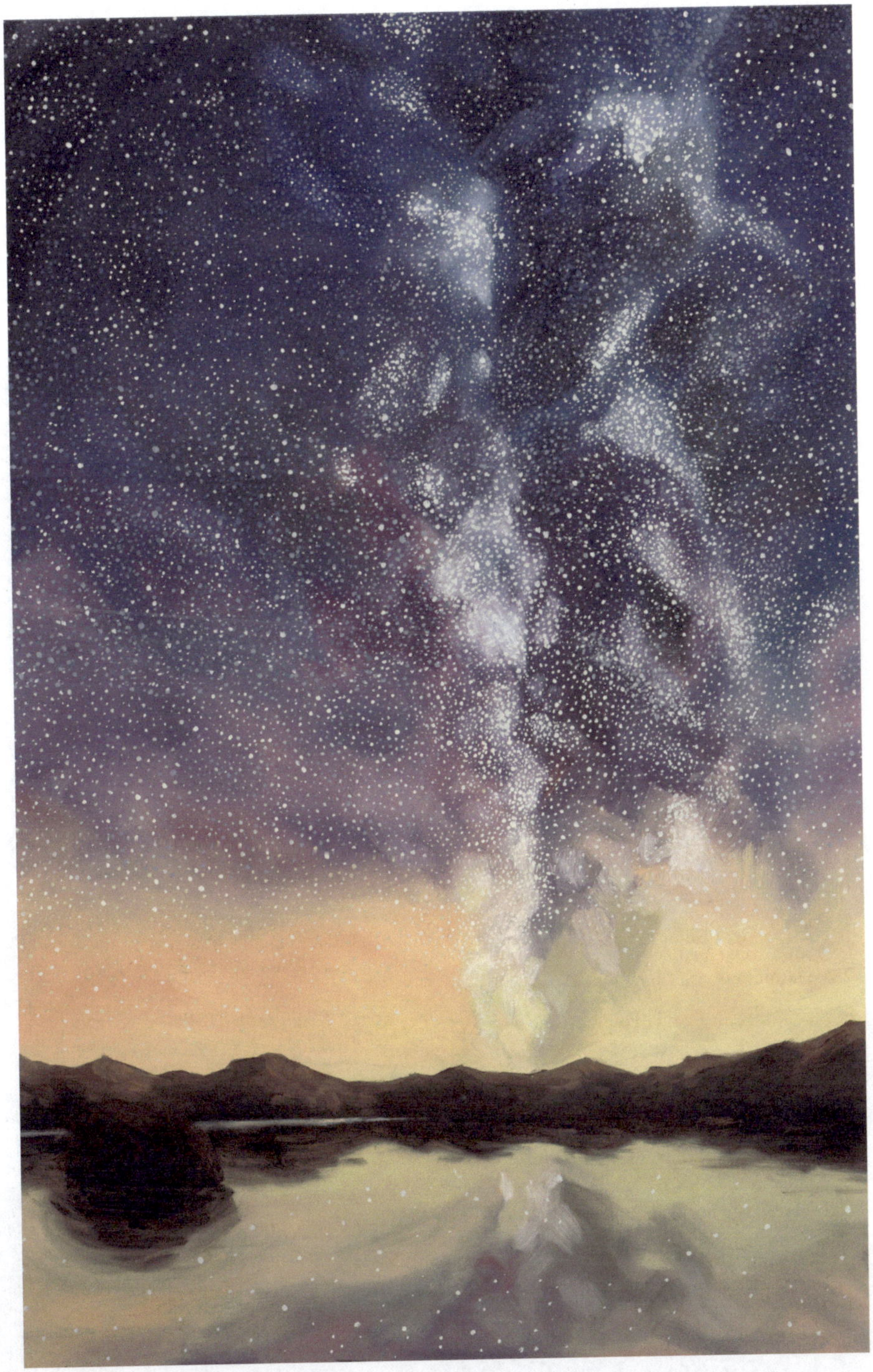

Jupernatural

Los signos, los espíritus y la superstición en la creencia judía

MANUAL
DEL ALUMNO

ADVISORY BOARD *of* GOVERNORS

Yaakov and Karen Cohen
Potomac, MD

Yitzchok and Julie Gniwisch
Montreal, QC

Barbara Hines
Aspen, CO

Ellen Marks
S. Diego, CA

David Mintz, obm
Tenafly, NJ

George Rohr
New York, NY

Dr. Stephen F. Serbin
Columbia, SC

Leonard A. Wien, Jr.
Miami Beach, FL

PARTNERING FOUNDATIONS

Avi Chai Foundation

David Samuel Rock Foundation

Diamond Foundation

Estate of Elliot James Belkin

Francine Gani Charitable Fund

Goldstein Family Foundation

Harvey L. Miller Supporting Foundation

Kohelet Foundation

Kosins Family Foundation

Lion Heritage Fund at Rose Foundation

Mayberg Foundation

Meromim Foundation

Myra Reinhard Family Foundation

Robbins Family Foundation

Ruderman Family Foundation

Schulich Foundation

William Davidson Foundation

World Zionist Organization

Yehuda and Anne Neuberger Philanthropic Fund

Zalik Foundation

PRINCIPAL BENEFACTOR

George Rohr
New York, NY

PILLARS *of* JEWISH LITERACY

Shaya and Sarah Boymelgreen
Miami Beach, FL

Pablo and Sara Briman
Mexico City, Mexico

Zalman and Mimi Fellig
Miami Beach, FL

Edwin and Arlene Goldstein
Cincinnati, OH

Yosef and Chana Malka Gorowitz
Redondo Beach, CA

Shloimy and Mirele Greenwald
Brooklyn, NY

Dr. Vera Koch Groszmann
S. Paulo, Brazil

Carolyn Hessel
New York, NY

Howard Jonas
Newark, NJ

David and Debra Magerman
Gladwyne, PA

Yitzchak Mirilashvili
Herzliya, Israel

David and Harriet Moldau
Longwood, FL

Ben Nash
New Jersey

Joseph Popack
Cedarhurst, NY

Eyal and Aviva Postelnik
Marietta, GA

Clive and Zoe Rock
Irvine, CA

Michael and Fiona Scharf
Palm Beach, FL

Lee and Patti Schear
Dayton, OH

Isadore and Roberta Schoen
Fairfax, VA

Yair Shamir
Savyon, Israel

SPONSORS

Jake Aronov
Montgomery, AL

Moshe and Rebecca Bolinsky
Long Beach, NY

Daniel and Eta Cotlar
Houston, TX

Rabbi Meyer and Leah Eichler
Brooklyn, NY

Steve and Esther Feder
Los Angeles, CA

Yoel Gabay
Brooklyn, NY

Brian and Dana Gavin
Houston, TX

Shmuel and Sharone Goodman
Chicago, IL

Adam and Elisheva Hendry
Miami, FL

Michael and Andrea Leven
Atlanta, GA

Joe and Shira Lipsey
Aspen, CO

Josef Michelashvili
Glendale, NY

Harvey Miller
Chicago, IL

Rachelle Nedow
El Paso, TX

Peter and Hazel Pflaum
Newport Beach, CA

Abraham Podolak
Princeton Junction, NJ

Dr. Ze'ev and Varda Rav-Noy
Los Angeles, CA

Zvi Ryzman
Los Angeles, CA

Larry Sifen
Virginia Beach, VA

Myrna Zisman
Cedarhurst, NY

Janice and Ivan Zuckerman
Coral Gables, FL

El Instituto Rohr de Aprendizaje Judío
reconoce gratamente el constante
y vanguardista apoyo de

George y Pamela Rohr

Desde sus inicios, el Rohr JLI ha sido el beneficiario de la visión, la generosidad, el cuidado y la preocupación de la familia Rohr.

En mérito de las decenas de miles de horas de estudio de Torá por parte de los estudiantes de JLI en todo el mundo, que sean bendecidos con salud, *ídishe najes* de todos sus seres queridos, y éxito extraordinario en todos sus emprendimientos.

Tipos de citación

ESCRITURAS

El ícono para las Escrituras está basado en las imágenes de un rollo y un espiral. El rollo es una referencia literal; el espiral simboliza el rol de las Escrituras como la fuente singular de la cual emana todo conocimiento posterior de la Torá.

COMENTARIO BÍBLICO

A lo largo de los tiempos, los judíos escudriñaron el texto de la Torá, generando muchos comentarios.

TALMUD Y MIDRASH

El Talmud y el Midrash registran las enseñanzas de los sabios - vínculos fundamentales en la cadena inquebrantable de la transmisión de la Torá, que se remonta hasta el Sinaí.

COMENTARIO TALMÚDICO

Las capas de enseñanzas talmúdicas han sido excavadas rigurosamente en cada era, dando lugar a una biblioteca de perspicaces comentarios.

MISTICISMO JUDÍO

Los místicos exploran las profundidas esotéricas internas. El ícono de los textos místicos refleja el "árbol de las *sefirot*" que comunmente figura en los diagramas cabalísticos.

FILOSOFÍA JUDÍA

Los textos filosóficos judíos esclarecen todas las grandes preguntas de la vida. A menudo demuestran la relevancia de las enseñanzas judías, incluso ante los cambios constantes en los valores sociales.

COSTUMBRES Y LEYES JUDÍAS

Los consejos que surgen de las Escrituras y del Talmud se expresan prácticamente en la ley judía, llamada *halajá* ("el camino"), junto con las costumbres adoptadas por las comunidades judías a lo largo de las generaciones.

JASIDUT

La llegada del jasidismo en el s.XVIII trajo grandes y alentadores cambios a la vida judía y su panorama. Sus enseñanzas se asemejan a las aguas que dan vida, que fluyen del manantial de las ideas más profundas.

LITURGIA

Los textos del libro de oraciones judío están colmados de todo el espectro de emociones humanas, de la alegría a el anhelo, del remordimiento a la esperanza. Todos comparten una auténtica búsqueda para lograr un encuentro significativo con Di-s.

PERSPECTIVAS

Perspectivas personales, profesionales y académicas, expresadas por medio de ensayos, investigación, diarios y otras obras, a menudo pueden mejorar la apreciación por las ideas de la Torá y la totalidad de la experiencia judía.

Índice

Prólogo

A los seres humanos siempre les ha fascinado lo misterioso: aquello que yace más allá del plano del mundo natural, racional y tangible. A pesar del avance de la ciencia moderna, que ha profundizado nuestra comprensión del mundo natural, la fascinación humana con lo paranormal ha crecido.

El significado de los sueños; el poder predictivo de las estrellas; la influencia del mal de ojos; la efectividad de una maldición o bendición; la existencia de espíritus de otro mundo, de ángeles y de demonios; y la posibilidad de interacción con extraterrestres inteligentes, son cuestiones que desde siempre han inspirado curiosidad, provocando en la gente diversas reacciones: deleite, temor, devoción o burla.

El interés en los fenómenos paranormales ha crecido en los últimos años, en especial inmediatamente después de la pandemia de COVID-19 y la incertidumbre económica. Muchas personas experimentan inseguridad con respecto a sus vidas y su futuro, y recurren al plano de lo sobrenatural para más información, consejos y consuelo.

Poniéndose a la altura del desafío, al Instituto Rohr de Aprendizaje Judío (JLI) le complace presentar *Jupernatural*. Basándose en las profundidades del Talmud, la filosofía judía, y la Kabalá, este curso sin precedentes brinda una exploración sistemática de las perspectivas judías tradicionales y una guía sobre las perennes cuestiones de lo paranormal.

Este curso revelará un amplio rango de perspectivas judías sobre los misterios de lo paranormal, así como un claro consenso de que el foco principal de la vida y práctica judía debería ser la acción en el aquí y ahora, siguiendo el camino claro y bien definido que nos indica la Torá.

Explorar los misterios que yacen más allá profundiza y enriquece nuestra comprensión de la perspectiva judía sobre cuestiones filosóficas básicas tales como el libre albedrío, la recompensa y castigo divino, y el destino. De esta manera, el estudiar lo paranormal nos permite echar un vistazo a las enseñanzas judías centrales sobre el mundo que habitamos, nuestro rol y destino, y formas empoderadoras en las que podemos dar forma a nuestro universo y mejorarlo.

1

CLASE

EL SOÑADOR (DETALLE)
Nicolaes Maes, óleo sobre lienzo, Países Bajos, alrededor de 1650. (Rijksmuseum, Amsterdam)

SUEÑOS Y DIRECCIÓN

¿Cuándo deberíamos seguir nuestros sueños, y cuándo deberíamos decir "es solo un sueño"? Veremos hasta dónde puede llevarnos la exploración de un sueño que parece real. Además, veremos una antigua rutina judía para mantener alejadas las pesadillas.

I. INTRODUCCIÓN

Bienvenidos a una exploración de la perspectiva judía sobre un rango de fenómenos paranormales.

Durante este curso exploraremos temas como los sueños, la astrología, el mal de ojos, los fantasmas y los ángeles. Nuestra investigación también servirá como ventana hacia las enseñanzas judías sobre cuestiones fundamentales - tales como libre albedrío, recompensa y castigo, y el alma humana - arrojando luz sobre el rol y el destino del ser humano.

Hoy, en nuestra primera clase, discutiremos el significado de los sueños.

FIGURA 1.1

Creencia en varios fenómenos paranormales

CREENCIA EN FENÓMENOS PARANORMALES ENTRE ADULTOS DE LOS EE.UU.

Basado en la investigación del Centro de Investigación Pew, "Creencias 'New Age' comunes entre americanos religiosos y no religiosos," octubre de 2018

Los objetos físicos pueden contener energía espiritual	**42%**
Psíquicos	**41%**
Reencarnación	**33%**
Astrología	**29%**
Creencia en al menos una de las entidades mencionadas arriba	**62%**

CREENCIA EN FENÓMENOS PARANORMALES ENTRE ADULTOS BRITÁNICOS

Basado en la Investigación BMG Research, "El público británico revela sus creencias en una nueva encuesta", mayo de 2017

Fantasmas/espíritus	**36%**
Suerte/Destino	**47%**
Vida en otros planetas	**49%**
Astrología	**16%**

CREENCIA EN FENÓMENOS PARANORMALES ENTRE ADULTOS CANADIENSES

Basado en el artículo de Negocios en Vancouver, "Encuesta: los jóvenes canadienses continúan siendo más propensos a creer en astrología y otros conceptos supernaturales," enero de 2022

Fantasmas/espíritus	**32%**
Clarividencia	**28%**
Comunicación con los muertos	**26%**
Astrología	**32%**

Aclaración: Estos estudios de distintos países no deberían compararse ni contrastarse los unos con los otros. Cada uno tiene su propia metodología y formula de forma distinta sus preguntas.

TEXTO 1

Un sueño de mal agüero

Tad Fitch, et al., *Sobre un mar de vidrio: La vida y la pérdida del RMS Titanic* (Gloucestershire, Inglaterra: Amberley Publishing, 2012), pág. 94

El pasajero de primera clase, Isaac Frauenthal de 43 años, era un abogado de Wilkes-Barre, Pennsylvania, con un bufete en la Ciudad de Nueva York. Él estaba embarcando junto a su hermano, el Dr. Henry Frauenthal de 49 años, y la esposa del doctor, Clara, de 42 años. Isaac Frauenthal estaba un poco inquieto al embarcar el Titanic. Poco tiempo antes del viaje había tenido un sueño que lo perturbaba. En dicho sueño, parecía estar en "un gran barco que chocaba repentinamente contra algo y comenzaba a hundirse." Él no le prestó mucha atención al sueño debido a que "no era para nada supersticioso ni creyente en lo sobrenatural." Sin embargo, volvió a soñarlo antes de embarcar, y eso lo hizo pensar y "preocuparse un poco". Frauenthal no le había contado a su hermano ni a su cuñada sobre los sueños, considerándose un poco tonto por sus nervios. Igualmente, no podía dejar de lado la sensación de inquietud.

TAD FITCH

Autor. Residente de Ohio, Tad Fitch es un autor que se enfoca en la historia marítima y la tragedia del Titanic. Ha escrito cinco libros sobre estos temas, incluyendo *Sobre un mar de vidrio: la vida y pérdida del RMS Titanic.*

PREGUNTA

De haber estado en la posición de Isaac Frauenthal; ¿se habrían subido al Titanic?

EJERCICIO 1.1

1. **¿Alguna vez tuvieron algún sueño que les pareció muy real? De ser así, ¿cómo reaccionaron ante él?**

2. **¿Qué criterios utilizan para determinar si hay que tomar en serio un sueño o no?**

II. SUEÑOS BÍBLICOS

Nuestra primera parada obligatoria para entender la perspectiva judía sobre los sueños es, naturalmente, la Biblia. Los sueños juegan un papel muy significativo en muchas historias bíblicas y son tratados con la mayor seriedad por los protagonistas de los relatos.

Los sueños en el Libro de Génesis

GÉNESIS 20:3-7

AVIMELEJ

Cuando Avraham se mudó de Hebrón a Gerar, los habitantes locales le preguntaron inmediatamente sobre su mujer, Sará. Adivinando sus malas intenciones, Avraham dijo que ella era su hermana. El rey local, Avimelej, mandó a buscarla, pero un ángel le impidió que la tocara.

Aquella noche, Di-s se apareció en los sueños de Avimelej, diciéndole que Sará era una mujer casada y que él merecía morir por su pecado. Avimelej protestó, alegando que él era inocente; le habían dicho que no era la esposa de Avraham y además no la había tocado. Di-s le ordenó a Avimelej devolver a Sará a su marido, y pedirle a Avraham rezar para evitar su muerte.

Avimelej regresó a Sará a su marido, Avraham rezó por él, y su vida fue perdonada.

GÉNESIS 31:24

LABÁN

Luego de veinte años de exilio en Jarán, Di-s le dijo a Iaakov que era hora de regresar a su hogar. Preocupados por que su suegro, Labán, intentaría frenarlos, Iaakov y su familia partieron en secreto hacia Canaán. Cuando Labán notó su ausencia, unos días después, salió a perseguirlos.

Durante la noche, cuando finalmente los alcanzó, Di-s se apareció ante Labán en un sueño, donde le advirtió no meterse con Iaakov.

Al día siguiente, cuando Labán confrontó a Iaakov, le dijo: "Podría hacerte daño, pero el Di-s de tus padres se me apareció anoche y me advirtió." Labán y Iaakov hicieron un pacto de paz y se fueron cada uno por su lado.

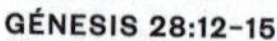

GÉNESIS 28:12-15

IAAKOV

Cuando Iaakov abandonó la casa de sus padres y se dirigió a Jarán, fuera de la Tierra de Israel, paró a rezar sobre el Monte Moriá. Colocó algunas piedras alrededor de su cabeza y se acostó a dormir.

En su sueño, Iaakov vio una escalera que llegaba hasta el cielo, por la cual algunos ángeles celestiales subían y otros bajaban. Di-s apareció sobre él y proclamó: "Yo soy Di-s, el Di-s de tu padre Avraham, y el Di-s de Itzjak." Di-s le prometió la Tierra de Israel a Iaakov y a sus descendientes, y que su descendencia sería tan abundante como el polvo de la tierra. Di-s prometió proteger a Iaakov y regresarlo sano y salvo a la Tierra de Israel.

Al despertar, Iaakov fijó un altar de piedras para marcar el lugar en el que Di-s apareció ante él. Lo llamó Bet-El, "Casa de Di-s".

GÉNESIS 37:5-7, 9

IOSEF

Iosef era el número once de los doce hijos de Iaakov, y era su preferido, hecho que ocasionó que sus hermanos le tuvieran celos. Iosef tuvo dos sueños de grandeza y se los contó a sus hermanos.

En el primer sueño, los hermanos estaban atando gavillas en el campo, cuando la gavilla de Iosef se enderezó y las gavillas de los hermanos lo rodearon y se prosternaron ante la suya.

En el segundo sueño, el sol, la luna y las estrellas se prosternaron ante Iosef.

En dicho momento, los sueños aumentaron el resentimiento de los hermanos de Iosef, e incluso Iaakov se mostró escéptico. Sin embargo, muchos años después, los sueños se cumplieron cuando Iaakov y su familia bajaron a Egipto y se inclinaron ante el virrey: Iosef.

GÉNESIS 41:1-7

FARAÓN

Dos años después de los sueños del copero y el panadero, el Faraón tuvo dos sueños.

En su primer sueño, el Faraón estaba sobre las orillas del Nilo, cuando siete vacas robustas salieron del río y comenzaron a pastar. Luego, siete vacas flacas salieron del río y se comieron a las vacas robustas.

En su segundo sueño, el Faraón vio siete espigas sanas creciendo sobre un solo tallo. Luego surgieron siete espigas flacas y se tragaron a las sanas.

El Faraón no se conformó con las interpretaciones de su equipo y mandó a llamar a Iosef. Iosef le explicó que sus sueños auguraban la llegada de siete años de gran abundancia seguidos de siete años de hambruna. Le aconsejó al Faraón designar a un sabio virrey para que supervisara la acumulación de alimentos en preparación para la hambruna, y el Faraón eligió a Iosef para este cargo.

GÉNESIS

GÉNESIS 40:9-17

EL COPERO Y EL PANADERO

Poco después de que Iosef fuera apresado en la prisión egipcia, el Faraón descubrió una mosca en su copa y una piedra en su pan. Metió a su copero principal y a su panadero principal en la celda junto con Iosef. Un año después, cada uno de ellos tuvo un sueño críptico sobre su futuro, que compartieron con Iosef.

El copero soñó que vio una vid con tres racimos de uvas, que exprimió en la copa del Faraón y luego colocó en la mano del Faraón.

Iosef interpretó el significado de este sueño: "En tres días, el Faraón te regresará a tu puesto, y volverás a colocarle copas en su mano tal como lo hacías antes."

El panadero soñó que tenía tres canastos de mimbre sobre su cabeza. El superior contenía los panificados preferidos del Farón, y los pájaros los estaban comiendo.

Iosef explicó que los tres canastos simbolizaban tres días: "En tres días, el Faraón te decapitará y colgará tu cuerpo en una horca, y los pájaros comerán tu carne."

Tres días después, en la fiesta de cumpleaños que el Faraón organizó para sus sirvientes, regresó al copero a su puesto y mandó a ahorcar al panadero.

TEXTO 2

Soñando con detalles

Talmud, Berajot 55a-b

אָמַר רַבִּי יוֹחָנָן מִשּׁוּם רַבִּי שִׁמְעוֹן בֶּן יוֹחָי: כְּשֵׁם שֶׁאִי אֶפְשָׁר לְבַר בְּלֹא תֶּבֶן, כָּךְ אִי אֶפְשָׁר לַחֲלוֹם בְּלֹא דְּבָרִים בְּטֵלִים.

אָמַר רַבִּי בֶּרֶכְיָה: חֲלוֹם, אַף עַל פִּי שֶׁמִּקְצָתוֹ מִתְקַיֵּם, כּוּלּוֹ אֵינוֹ מִתְקַיֵּם.

מְנָא לָן? מִיּוֹסֵף, דִּכְתִיב: "וְהִנֵּה הַשֶּׁמֶשׁ וְהַיָּרֵחַ וְגוֹ'" (בְּרֵאשִׁית לז, ט), וְהַהִיא שַׁעְתָּא אִמֵּיהּ לֹא הֲוָת.

Rabí Iojanán, en nombre de Rabí Shimon bar Iojai, enseñó: "Así como no puede haber trigo sin cascarilla, tampoco puede haber un sueño sin tonterías."

Rabí Berajiá enseñó: "Incluso que pueda cumplirse parte de un sueño, un sueño nunca se cumple en su totalidad."

La fuente para estas afirmaciones es la historia de los sueños de Iosef. Iosef soñó que "el sol, la luna y once estrellas se arrodillaban ante él" [refiriéndose a sus padres y a sus once hermanos] (GÉNESIS 37:9). Sin embargo, en el momento del sueño, la madre de Iosef ya había fallecido.

TALMUD DE BABILONIA

Es una obra literaria de proporciones monumentales que abarca las tradiciones legales, espirituales, intelectuales, éticas e históricas del judaísmo. Los 37 tratados del Talmud contienen las enseñanzas de los sabios judíos del período comprendido entre la destrucción del 2ndo Templo y el siglo V de nuestra era. Ha sido el vehículo primario de transmisión de la ley oral y de la educación de los judíos a través de los siglos; es la puerta de entrada para todo el pensamiento judío legal, ético, y teológico.

FIGURA 1.2

Lecciones con respecto a los sueños en la Biblia

1. **Algunos sueños son significativos.**
2. **La interpretación de los sueños no es cosa sencilla.**
3. **Los sueños nunca son completamente precisos.**

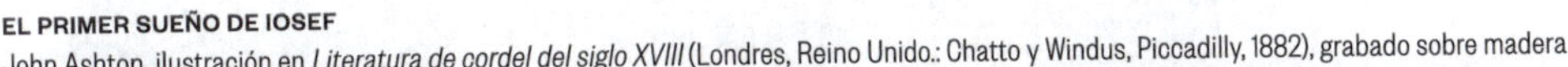

EL PRIMER SUEÑO DE IOSEF
John Ashton, ilustración en *Literatura de cordel del siglo XVIII* (Londres, Reino Unido.: Chatto y Windus, Piccadilly, 1882), grabado sobre madera

III. SUEÑOS TALMÚDICOS

Para una guía más concreta sobre el significado y la fiabilidad de los sueños, acudiremos al Talmud.

TEXTO 3

Sueños y profecía

Talmud, Berajot 57b

חֲלוֹם אֶחָד מִשִּׁשִּׁים לִנְבוּאָה.

Un sueño es 1/60 de profecía.

CHISPAS DE UN PROFETA
Yoram Raanan, giclée, Israel

Análisis talmúdico de los sueños

El Talmud (Berajot 56b–57b) enumera y explica el significado de muchas imágenes que podrían verse en un sueño.

Actividades

Colocarse los *tefilin*

SIGNIFICADO

El soñador debería esperar cosas grandiosas.

RAZÓN

El versículo describe a los *tefilin* como inspiradores de un temor reverencial en los demás: "Todas las naciones verán que el nombre de Di-s está asociado contigo" (Deuteronomio 28:10).

Entrar a una ciudad

SIGNIFICADO

Se cumplirán los deseos del soñador.

RAZÓN

La imagen de llegar al puerto de una ciudad se utiliza en Salmos 107:30 como metáfora de cumplir los deseos propios.

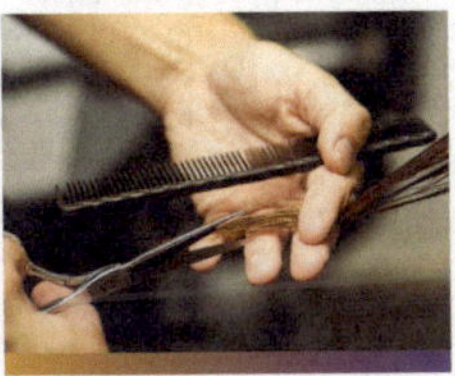

Corte de cabello

SIGNIFICADO

Un buen augurio.

RAZÓN

Iosef se cortó el cabello antes de ser ascendido a virrey de Egipto (Génesis 41:14).

Subir a un tejado

SIGNIFICADO

El soñador alcanzará la grandeza.

RAZÓN

El tejado simboliza la elevación.

Ruptura de las vestimentas propias

SIGNIFICADO

Di-s ha roto un duro decreto contra el soñador.

RAZÓN

La visión de ruptura es una señal de que Di-s rompió un decreto que tenía que tocarle a la persona.

Entrar en un pantano

SIGNIFICADO

El soñador se convertirá en director de una academia.

RAZÓN

Caminar entre los juncos de un pantano indica que muchas personas asistirán a las clases de uno.

Entrar en un bosque

SIGNIFICADO

El soñador se convertirá en el alumno más destacado dentro de la clase de alumnos avanzados.

RAZÓN

Caminar entre los árboles gigantes de un bosque indica que personas grandiosas asistirán a las clases de uno.

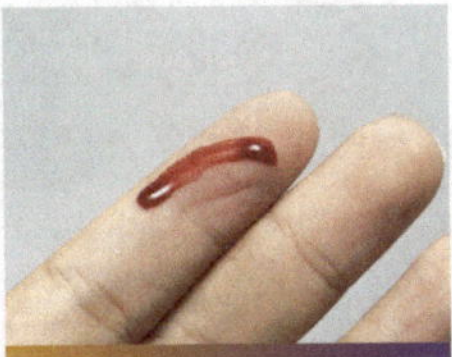

Sangrado

SIGNIFICADO

Los pecados del soñador han sido perdonados.

RAZÓN

El color rojo sirve como metáfora para el pecado (Isaías 1:18; Jeremías 2:22).

Animales

Burro

SIGNIFICADO

Puedes esperar la salvación personal.

RAZÓN

Se describe que el mesías vendrá "montado en burro" (Zejariá 9:9).

Elefante

SIGNIFICADO

Un elefante domesticado significa que se realizará una maravilla para el soñador.

Muchos elefantes domesticados significan que múltiples maravillas serán realizadas para el soñador.

Un elefante salvaje es una señal negativa.

RAZÓN

La palabra hebrea para elefante, *pil*, es fonéticamente parecida a la palabra hebrea para maravilla, *pele*.

Gato

SIGNIFICADO

A: Se ha compuesto una canción hermosa (*shirá naá*) para el soñador.

B: Se acerca un cambio para mal *(shinui ra)*.

RAZÓN

A: Se aplica si el dialecto arameo local llama al gato *shunra*.

B: Se aplica si el dialecto arameo local llama al gato *shinra*.

Serpiente

SIGNIFICADO

Al soñador le será fácil ganarse el sustento.

Si la serpiente mordió al soñador, significa que se duplicará su sustento.

Si el soñador mató a la serpiente, significa que su sustento se arruinará.

RAZÓN

Las serpientes simbolizan un fácil acceso al sustento, puesto que "comen el polvo de la tierra" (Génesis 3:14).

Camello

SIGNIFICADO

El soñador ha sido salvado de un decreto de muerte.

RAZÓN

A: Rabí Jama: La palabra hebrea para camello, *gamal*, es fonéticamente similar a las palabras utilizadas cuando Di-s le prometió a Iaakov: "También te sacaré [*gam alo*] de Egipto (Génesis 46:4).

B: Rabí Najman bar Itzjak: "*Gamal*" es fonéticamente similar a las palabras utilizadas cuando el profeta Natan le dijo al rey David: "Di-s también [*gam*] ha ignorado tus pecados, no [lo] morirás" (II Samuel 12:13).

Ganso

SIGNIFICADO

El soñador obtendrá el don de la sabiduría.

RAZÓN

Proverbios 1:20 describe a la sabiduría como "gritando en la calle". Este comportamiento se encuentra especialmente asociado a los gansos.

Gallo

SIGNIFICADO

El soñador será bendecido con un hijo varón.

RAZÓN

Los gallos se encuentran asociados a la fertilidad.

Gallina

SIGNIFICADO

El soñador recibirá un hermoso jardín y un motivo de regocijo.

RAZÓN

La palabra hebrea para gallina, *tarnegolet*, forma un acrónimo para *tarbitzá naé* [jardín hermoso] y *guilá* [regocijo].

Cabra

SIGNIFICADO

Será un año bendecido para el soñador.

RAZÓN

Proverbios 27:27 asocia a las cabras con una abundancia de comida y riqueza.

Plantas y frutas

Junco

SIGNIFICADO

Un solo junco significa que el soñador obtendrá sabiduría.

Muchos juncos significan que el soñador obtendrá comprensión.

RAZÓN

La palabra hebrea para junco, *kané*, significa también "adquirir, comprar". La adquisición se asocia a la sabiduría en el versículo: "Adquiere sabiduría, adquiere comprensión" (Proverbios 4:5).

Trigo

SIGNIFICADO

Paz.

RAZÓN

El versículo dice que "La crema de trigo te saciará" en tiempos de paz (Salmos 147:14).

Cebada

SIGNIFICADO

Los pecados del soñador han sido perdonados.

RAZÓN

Las palabras hebreas en el versículo "Tus pecados se han ido [*vesar avonej*]" de Isaías (6:7) se asemejan fonéticamente a la palabra hebrea para cebada [*seorim*].

Una vid cargada

SIGNIFICADO

La esposa del soñador no tendrá un aborto espontáneo.

RAZÓN

La imagen de una vid es invocada como una bendición para la fertilidad en Salmos 128:3.

Olivo

SIGNIFICADO

El soñador tendrá muchos hijos.

RAZÓN

La imagen de los muchos brotes del olivo transmite una bendición de fertilidad en Salmos 128:3.

Aceitunas

SIGNIFICADO

El soñador recibirá el don de la sabiduría.

RAZÓN

Los negocios del soñador florecerán, aumentarán y perdurarán como los olivos.

Aceite de oliva

SIGNIFICADO

El soñador deberá esperar mucho conocimiento de Torá

RAZÓN

El aceite de oliva era la única sustancia apta para encender la menorá en el Templo Sagrado, un símbolo de iluminación espiritual y Torá.

Palmeras datileras

SIGNIFICADO

Los pecados del soñador han sido expiados.

RAZÓN

La palabra hebrea para dátil, *tamar*, está relacionada de cerca con la palabra utilizada en el versículo: "tu iniquidad es expiada [*tam*]" (Lamentaciones 4:22).

Citrón (*etrog*)

SIGNIFICADO

El soñador es hermoso ante Di-s.

RAZÓN

El árbol del citrón es descripto como un "árbol hermoso" (Levítico 23:40).

Rama de palmera (*lulav*)

SIGNIFICADO

El soñador es de un solo corazón [*lev ejad*] ante su Padre Celestial.

RAZÓN

Las palmeras datileras tienen un solo "corazón" de palma en su centro.

TEXTO 4

Ayunar para contrarrestar un sueño

Talmud, Shabat 11a

רַב יְהוֹשֻׁעַ בְּרֵיהּ דְּרַב אִידִי אִקְלַע לְבֵי רַב אַשִׁי,
עַבְדֵי לֵיהּ עִגְלָא תִּילְתָּא. אָמְרוּ לֵיהּ: לִטְעֹם מַר מִידִּי!

אָמַר לְהוּ: בְּתַעֲנִית יְתִיבְנָא.

אָמְרוּ לֵיהּ: וְלָא סָבַר לֵיהּ מַר לְהָא דְּרַב יְהוּדָה,
דְּאָמַר רַב יְהוּדָה: לֹוֶה אָדָם תַּעֲנִיתוֹ וּפוֹרֵעַ?

אָמַר לְהוּ: תַּעֲנִית חֲלוֹם הוּא, וְאָמַר רַבָּא בַּר מְחַסְיָא אָמַר רַב
חָמָא בַּר גּוּרְיָא אָמַר רַב: יָפָה תַּעֲנִית לַחֲלוֹם כְּאֵשׁ לַנְּעֹרֶת,
וְאָמַר רַב חִסְדָּא: וּבוֹ בַּיּוֹם, וְאָמַר רַב יוֹסֵף: אֲפִלּוּ בְּשַׁבָּת.

Rav Iehoshúa, el hijo de Rav Idi, visitó el hogar de Rav Ashi. Sus anfitriones prepararon un ternerito nacido en tercer lugar y se lo ofrecieron para comer.

Rav Ashi les respondió: "Estoy ayunando".

Ellos replicaron: "¿Acaso no estás de acuerdo con el fallo de Rav Iehudá, de que una persona puede romper un ayuno autoimpuesto y pagar su obligación ayunando otro día?"

Rav Ashi respondió: "Este es un ayuno por causa de un mal sueño. Rav bar Mejasia enseñó, en nombre de Rav Jama bar Guria, quien enseñó en nombre de Rav, que un ayuno anula los augurios de un mal sueño como el fuego consume el lino. Rav Iosef agregó que un ayuno tal puede realizarse incluso en Shabat.”

TEXTO 5

Respuesta a un sueño

Rabí Shlomo Elmoli, *Pitron Jalomot* 3:1:1

כְּשֶׁבָּא לָאָדָם חֲלוֹם רַע, לֹא יֹאמַר: כְּבָר נִגְזְרָה גְזֵרָה, אָבְדָה הַתִּקְוָה. אֶלָּא עַל כָּל פָּנִים יֵשׁ לוֹ תַּקָּנָה בִּתְשׁוּבָה וְתַחֲנוּנִים, וַאֲפִלּוּ בַּחֲלוֹם הַיּוֹתֵר רַע שֶׁבָּעוֹלָם . . .

רָאוּי לוֹ לְהִתְעַנּוֹת וְלַחֲזֹר בִּתְשׁוּבָה וּלְבַקֵּשׁ עָלָיו רַחֲמִים. וְאִם יַעֲשֶׂה כֵּן, הַקָּדוֹשׁ בָּרוּךְ הוּא יְקַבֵּל תַּעֲנִיתוֹ וּתְשׁוּבָתוֹ וּתְפִלָּתוֹ, וִיבַטֵּל מֵעָלָיו כָּל גְּזֵרוֹת קָשׁוֹת וְרָעוֹת שֶׁנִּגְזַר עָלָיו.

וּמַהֵר, בִּמְהִירוּת כְּלוֹת הָאֵשׁ לַנְּעֹרֶת, וּלְגַמְרֵי, שֶׁלֹּא יִשָּׁאֵר מִמֶּנּוּ, אֶלָּא כֻּלּוֹ יִתְבַּטֵּל, כְּמוֹ שֶׁשּׂוֹרֵף הָאֵשׁ הַנְּעֹרֶת וְאֵינוֹ מַשְׁאִיר מִמֶּנּוּ כְּלוּם. לֹא כִּשְׂרוֹף הָאֵשׁ אֶת הָעֵצִים, שֶׁלְּעוֹלָם יִשָּׁאֵר מֵהֶם אוּד מֻצָּל מֵאֵשׁ.

Una persona que tiene un mal sueño no debería decir: “El decreto ya fue sellado y no hay más esperanzas.” La posibilidad de rectificación por medio del arrepentimiento y la súplica siempre está disponible, incluso para el peor de los sueños...

RABÍ SHLOMO ELMOLI
C. 1490–1542

Rabino y polímata. Rabí Shlomo Elmoli se vio obligado a huir de la Península ibérica cuando fueron expulsados los judíos. Vivió en Constantinopla y Salonika. Un gran erudito, Rabí Elmoli se desempeñó como médico y escribió libros de pensamiento judío, gramática hebrea y poesía. Es conocido por su libro *Pitrón jalomot,* una obra sobre los sueños en el pensamiento judío y en la ley judía.

Esta persona debería ayunar, arrepentirse y rezar por misericordia. Si uno lo hace, Di-s aceptará dichos esfuerzos y cancelará todos los decretos negativos que fueron emitidos.

Los acontecimientos negativos predichos por el sueño serán revocados rápidamente, tal como el fuego consume al lino. Serán revocados por completo, tal como el fuego consume al lino sin dejar un remanente - contrario a la madera, que siempre deja rastros luego de ser quemada.

RETRATO DE UNA MUJER JUDÍA CON UN LIBRO DE ORACIONES
Lazar Krestin (1868–1938), óleo sobre lienzo, Lituania

TEXTO 6

Manipulando los sueños

Talmud, Berajot 55b–56a

אָמַר רַבִּי שְׁמוּאֵל בַּר נַחְמָנִי אָמַר רַבִּי יוֹנָתָן:
אֵין מַרְאִין לוֹ לְאָדָם אֶלָּא מֵהִרְהוּרֵי לִבּוֹ . . .

אָמַר לֵיהּ קֵיסָר לְרַבִּי יְהוֹשֻׁעַ בְּרַבִּי חֲנַנְיָא: אַמְרִיתוּ דְחָכְמִיתוּ טוּבָא, אֵימָא לִי מַאי חָזֵינָא בְּחַלְמָאי? אָמַר לֵיהּ: חָזֵית דִמְשַׁחֲרִי לָךְ פַּרְסָאֵי וְגָרְבִי בָּךְ, וְרָעֲיִי בָּךְ שִׁקְצֵי בְּחוּטְרָא דְדַהֲבָא. הִרְהֵר כּוּלֵּיהּ יוֹמָא, וּלְאוּרְתָּא חֲזָא.

אָמַר לֵיהּ שְׁבוּר מַלְכָּא לִשְׁמוּאֵל: אַמְרִיתוּ דְחָכְמִיתוּ טוּבָא, אֵימָא לִי מַאי חָזֵינָא בְּחַלְמָאי? אָמַר לֵיהּ: חָזֵית דְאָתוּ רוֹמָאֵי וְשָׁבוּ לָךְ, וְטָחֲנִי בָּךְ קַשְׁיָיתָא בְּרֵחַיָּיא דְדַהֲבָא. הִרְהֵר כּוּלֵּיהּ יוֹמָא, וּלְאוּרְתָּא חֲזָא.

Rabí Shmuel bar Najmani enseñó, en nombre de Rabí Ionatan, “En los sueños a la gente solo se les muestra el producto de sus propios pensamientos.” . . .

Una vez, el emperador romano le dijo a Rabí Iehoshúa, hijo de Rabí Janania: “Ustedes, los judíos, dicen ser muy sabios. Entonces, dime: ¿qué veré hoy en mis sueños?”. Rabí Iehuda le respondió: “Verás a los persas capturarte y esclavizarte y obligarte a arrear cerdos con un cetro dorado.” El emperador pensó en esta visión todo el día y al llegar la noche la vio en sus sueños.

El rey Shapur una vez le dijo a Shmuel: "Ustedes, los judíos, dicen ser muy sabios. Entonces, dime: ¿qué veré hoy en mis sueños?" Shmuel le respondió: "Verás a los romanos capturarte y obligarte a moler carozos de dátiles con un molino dorado." El rey pensó en esta visión todo el día y al llegar la noche la vio en sus sueños.

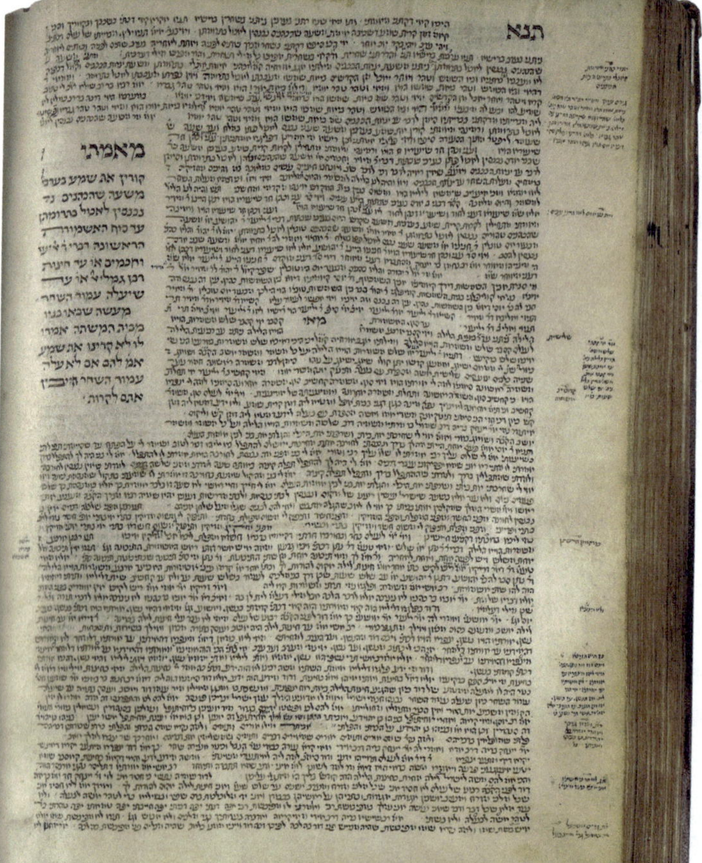

El *Códice Hebraico 95 de Múnich* es el único manuscrito del texto completo del Talmud de Babilonia que llegó hasta nuestros días (sin contar dos hojas faltantes). Fue copiado en Francia, en el año 1342, y su historia se conoce debido a los nombres escritos de sus dueños. Esta página es el comienzo del Tratado de Berajot. (Biblioteca Estatal Bávara, Múnich, Alemania)

TEXTO 7

El mapa del tesoro

Talmud, Sanedrín 30a

הֲרֵי שֶׁהָיָה מִצְטַעֵר עַל מָעוֹת שֶׁהִנִּיחַ לוֹ אָבִיו,
וּבָא בַּעַל הַחֲלוֹם וְאָמַר לוֹ: כָּךְ וְכָךְ הֵן, בְּמָקוֹם
פְּלוֹנִי הֵן, שֶׁל מַעֲשֵׂר שֵׁנִי הֵן. זֶה הָיָה מַעֲשֶׂה.

וְאָמְרוּ: דִּבְרֵי חֲלוֹמוֹת לֹא מַעֲלִין וְלֹא מוֹרִידִין.

Una persona estaba preocupada por el paradero del dinero que su padre fallecido le había dejado. Soñó que su padre le dijo exactamente cuánto dinero era y dónde podría encontrarlo, pero que estaba consagrado para *maaser shení*. Él fue a ese lugar específico y ciertamente encontró dicha suma de dinero.

Los sabios le indicaron que el contenido del sueño era irrelevante, y que no era necesario considerar ese dinero como *maaser shení*.

PAISAJE ONÍRICO
Tracey Rowan, acrílico sobre lienzo, Francia, 2019

EJERCICIO 1.2

¿Cómo es posible conciliar los textos 3-4 con 6-7?

TEXTO 8

Ángeles y demonios

Talmud, Berajot 55b

רָבָא רָמֵי: כְּתִיב: "בַּחֲלוֹם אֲדַבֶּר בּוֹ" (בַּמִּדְבָּר יב, ו),
וּכְתִיב: "וַחֲלֹמוֹת הַשָּׁוְא יְדַבֵּרוּ" (זְכַרְיָה י, ב).

לָא קַשְׁיָא: כָּאן עַל יְדֵי מַלְאָךְ, כָּאן עַל יְדֵי שֵׁד.

Rava plantea una contradicción entre dos versículos: en uno, Di-s dice: "Hablo con el profeta a través de un sueño" (NÚMEROS 12:6). Sin embargo, en el segundo se afirma: "Los sueños hablan falsamente" (ZEJARIÁ 10:2).

[El Talmud resuelve esto:] Hay dos tipos de sueños. Algunos vienen por medio de un ángel, otros por medio de un demonio.

TEXTO 9

El palacio celestial

Rabí Iosef Itzjak Schneersohn,
Sefer Hamaamarim Kuntresim 2, pág. 334

עִנְיַן הָעֲלִיָּה הוּא, דְּבְעֵת הַשֵּׁנָה הִנֵּה בִּזְמַן יָדוּעַ זוֹכֶה לַעֲלוֹת בִּמְתִיבְתָּא דִרְקִיעָא בְּאוֹתוֹ הַהֵיכָל שֶׁהוּא מְקֻשָּׁר בּוֹ . . .

דְהַסֵּדֶר הַכְּלָלִי הוּא, דְאִישׁ אִישׁ לְפִי עִנְיָנוֹ בַּיּוֹם כֵּן הִיא שְׁנָתוֹ בַּלַּיְלָה, וּלְפִי אֹפֶן זֶה הוּא מְקוֹם מְנוּחַת נִשְׁמָתוֹ בַּהֵיכָל הַכְּלָלִי.

וְהַסֵּדֶר הַפְּרָטִי הוּא, אִם בַּיּוֹם הַהוּא עָשָׂה אֵיזוֹ מִצְוָה בְּהִדּוּר, אוֹ עָסַק בַּתּוֹרָה וּתְפִלָּה יֶתֶר עַל הָרָגִיל, וְכֵן הַיָּשֵׁן מִתּוֹךְ דִּבּוּר אוֹ מַחֲשָׁבָה בְּדִבְרֵי תוֹרָה, שֶׁזּוֹכִים מָקוֹם בָּאַכְסַדְרָא. דְיֵשׁ פְּרוֹזְדוֹר, אַכְסַדְרָה וּטְרַקְלִין, וְהֵיכָלוֹת וּמְתִבְתּוֹת - דְּכֻלָּם הֵם מְקוֹמוֹת מְנוּחָה לְהַנְּשָׁמָה בְּעֵת הַשֵּׁנָה, שֶׁעוֹלָה לְמַעְלָה לִשְׁאֹב לָהּ חַיִּים.

En cierto momento, durante el sueño, las almas se elevan a la academia Celestial, cada alma va al lugar que le corresponde...

En términos generales, la ubicación en el palacio Celestial en la que descansa el alma de la persona por la noche se corresponde con la altura espiritual que logró con su servicio Divino diurno.

Más específicamente, si una persona cumplió una mitzvá, estudió Torá, o rezó de forma más bella y completa ese día - o se fue a dormir con palabras de Torá en su mente - amerita un lugar

RABÍ IOSEF ITZJAK SCHNEERSOHN (RAIATZ, EL FRIERDIKER REBE, EL REBE ANTERIOR) 1880–1950

Rebe jasídico, autor prolífico, y activista judío. Rab. Iosef Itzjak, el 6to líder del movimiento Jabad, promovió activamente la práctica judía religiosa en la Rusia Soviética, y fue arrestado por ejercer dicha actividad. Luego de haber sido liberado de la prisión y del exilio, se asentó en Varsovia, Polonia, y posteriormente, debido a la ocupación nazi, huyó a Nueva York en el año 1940. Se asentó en Brooklyn, y allí trabajó para revitalizar la vida judía americana. Su yerno, Rab. Menajem Mendel Schneerson, lo sucedió como líder del movimiento Jabad.

más elevado en el Cielo. El palacio Celestial contiene pasillos, columnatas, salas y salones en las que el alma puede descansar cuando sube al Cielo para atraer nueva vida mientras duerme.

TEXTO 10

Entre los ángeles

Zóhar III, 25a

הַהוּא רוּחָא נָפִיק . . . בֵּין מַלְאָכֵי עִלָּאֵי קַדִּישֵׁי,
וְתַמָּן יָדַע מַה דְּיָדַע, וְאוֹלִיף מִלִּין, וְאִתְהַדָּר
לְאַתְרֵיהּ. כְּדֵין הוּא קִשּׁוּרָא דְּבַר נַשׁ בִּקְדוּשָּׁה.

Cuando una persona duerme, el alma... se eleva al nivel de los ángeles sagrados y recibe cierta información, aprende cosas nuevas y luego vuelve a su lugar. Esta es una experiencia de conexión con la santidad.

Postal que representa el rezo del Shemá antes de ir a dormir, Jacob Keller (Nueva York: Compañía de Publicaciones Hebrea, alrededor de 1910). (Centro de Investigación Folclórico, Universidad Hebrea de Jerusalén)

ZÓHAR

Es la obra más influyente de la kabalá, el misticismo judío. El *Zóhar* es un comentario místico sobre la Torá, y fue escrito tanto en arameo como en hebreo. Según el Arizal, el *Zóhar* contiene las enseñanzas de Rabí Shimon Bar Iojai, quien vivió en Israel durante el siglo II. El *Zóhar* se ha convertido en uno de los textos indispensables del judaísmo tradicional, junto con y casi a la altura de la Mishná y del Talmud.

TEXTO 11

Una mente poseída

Rabí Shimon ben Tzemaj Duran, *Tashbetz* 2:128

וְהַחֲלוֹם הַבִּלְתִּי צוֹדֵק, הוּא בִּהְיוֹת הַכֹּחַ הַמְדַמֶּה בִּלְתִּי בָּרִיא . . .

וְזֶהוּ אוֹמְרָם: "כָּאן עַל יְדֵי שֵׁד" - כִּי הַשֵּׁד הִשְׁאִילוּהוּ בַּמָּקוֹם הַזֶּה אֶל רוּחַ רָעָה מַזֶּקֶת וְשׁוֹדֶדֶת אֶת הָאָדָם.

וְהֵם כֻּלָּם מֵאַיִן וּפָעֳלָם מֵאֶפֶס, אֵין יָדַיִם לָהֶם וְאֵין לָחוּשׁ לָהֶם כְּלָל.

Los sueños falsos son el producto de una imaginación enferma, poseída...

Los sabios tomaron prestado el término "demonio" para describir este espíritu negativo destructivo que aflige a la persona.

Los sueños de esta fuente son insignificantes y uno no debería preocuparse por ellos en lo absoluto.

RABÍ SHIMON BEN TZEMAJ DURAN
C. 1361-1444

Médico, poeta, rabino y filósofo. Durán estudió filosofía, astronomía, matemática, y en especial medicina, la cual practicó durante unos cuantos años en Palma, España. Dejó España luego de las masacres de 1391 y se instaló en Alger, donde además de practicar la medicina, se convirtió en el Gran Rabino. Entre sus numerosas obras se encuentra Maguen Avot, un comentario filosófico sobre el Tratado de Avot.

CÓMO UN ANCIANO SE PONE DE PIE Y LE EXPLICA EL SUEÑO AL REY DE PERSIA
Ilustración en una copia en ídish de *Sefer Iosifun*, una historia de los judíos desde Adán hasta los tiempos de Tito (Amsterdam: Naftali Hertz Levi Rofe y Kosman ben Yosef, 1744), grabado en madera. (Colección de la Familia Gross, Tel Aviv)

FIGURA 1.3

LA MISCELÁNEA HARRISON
Producida en Corfú, Grecia, alrededor de 1720; contiene sesenta ilustraciones de página completa, en aguazo, representando escenas de Génesis, por un autor desconocido. El texto, que no está relacionado con las ilustraciones, consiste en una recopilación de rezos y poemas para una boda, siguiendo las costumbres de los judíos de la isla de Corfú. Aquí se ven representados los sueños del Faraón (Colección Braginsky 67).

IV. VIVIENDO CON LA DUDA

Según el Talmud, algunos sueños son válidos, mientras que otros son insignificantes. Pero ¿cómo podemos identificar cuál es la fuente de un sueño, a fines de poder evaluar cuán en serio hay que tomarlo?

TEXTO 12

Navegando las dudas

Rabí Shimon ben Tzemaj Duran, *Tashbetz* 2:128

מֵעַתָּה, אַחַר שֶׁנִּתְיַשֵּׁב לָנוּ מִדִּבְרֵי חֲכָמֵינוּ זַ"ל, וְהַשֵּׂכֶל מֵעִיד עָלָיו, כִּי יֵשׁ חֲלוֹמוֹת צוֹדְקִים רָאוּי לָחוּשׁ לָהֶם, וְיֵשׁ חֲלוֹמוֹת בִּלְתִּי צוֹדְקִים אֵין לָחוּשׁ לָהֶם, אֲנַחְנוּ מְסֻפָּקִים בְּזֶה הַחֲלוֹם אִם הוּא צוֹדֵק אוֹ הוּא בִּלְתִּי צוֹדֵק . . .

וְיָדוּעַ הוּא כִּי בְּכָל דָּבָר שֶׁבְּמָמוֹן יֵשׁ לָנוּ לְהַעֲמִיד הַמָּמוֹן שֶׁנָּפַל בּוֹ הַסָּפֵק בְּחֶזְקָתוֹ. וְעַל זֶה אָמְרוּ בְּאוֹתוֹ שֶׁהָיָה מִצְטַעֵר עַל מָעוֹת מַעֲשֵׂר שֵׁנִי שֶׁהִנִּיחַ אָבִיו שֶׁאֵין לוֹ לִסְמֹךְ עַל הַחֲלוֹם. וְיֻנַּח הַמָּמוֹן הַהוּא בְּחֶזְקָתוֹ כַּאֲשֶׁר הָיָה קֹדֶם הַחֲלוֹם, דִּבְרֵי חֲלוֹמוֹת בִּכְעִנְיָן זֶה לֹא מַעֲלִין וְלֹא מוֹרִידִין לְהוֹצִיא הַמָּמוֹן מֵחֶזְקָתוֹ.

Hemos conciliado las enseñanzas de los sabios y llegado a la conclusión lógica de que algunos sueños son válidos y deben ser tomados en serio, mientras que otros son insignificantes y deben ser ignorados. Ahora nos queda la pregunta de cómo saber si un sueño es válido o insignificante...

La regla general para cualquier situación de dudas sobre propiedad es que el artículo en cuestión debe quedar en manos del que lo posee actualmente. Por eso es que el Talmud afirmó que la persona que había soñado con una herencia que era *maaser shení* debía desestimar el sueño, dejando el dinero bajo su propiedad plena tal como antes del sueño. Los sueños son irrelevantes en cuanto a quitarle la posesión al dueño del dinero.

FIGURA 1.4

V. UN MÉTODO DE RESOLUCIÓN

El Texto 12 no nos ofreció una manera de *resolver* la duda que surge a partir de los sueños. En cambio, nos dio las herramientas para *navegar* la duda y decidir el rumbo a seguir. Ahora exploraremos un segundo enfoque, que nos da una fórmula para resolver la duda, al menos parcialmente.

TEXTO 13

¿Quién está soñando?

Rabí Menajem Mendel de Lubavitch, *Tzemaj Tzedek, Oraj Jaim* 111

בְּפֵרוּשׁ שְׁמִיעַ לִי מִנֵּי דְּמָרָן כְּבוֹד אֲדוֹנִי אָבִי זְקֵנִי מוֹרִי וְרַבִּי נִשְׁמָתוֹ עֵדֶן, שֶׁלֹּא לִפְחֹד מִזֶּה.

כִּי הַדְּבָרִים הַנֶּאֱמָרִים עַל זֶה בַּגְּמָרָא, הַיְנוּ דַּוְקָא לַאֲנָשִׁים גְּדוֹלִים מְאֹד שֶׁמִּצַּד הִרְהוּרֵי לִבּוֹ רָחוֹק מְאֹד מִזֶּה. וְאֵין זֶה כִּי אִם מִן הַשָּׁמַיִם הִשְׁבִּיעוּהוּ, עַל כֵּן יִדְאֹג וְכוּ'.

אֲבָל מִי שֶׁיּוּכַל לִהְיוֹת שֶׁמִּצִּדּוֹ בָּאָה לוֹ, אֵינוֹ בִּכְלַל זֶה כְּלָל.

כָּךְ כָּפַל וְשָׁנָה וְשִׁלֵּשׁ, וְשָׂחַק לִפְעָמִים מִמִּי שֶׁהָיָה בְּמָרָה שְׁחֹרָה מִזֶּה . . . וְלָכֵן יָסִיחַ דַּעְתּוֹ מִזֶּה לְגַמְרֵי, וְיִהְיֶה שָׂמֵחַ וְטוֹב לֵב.

Escuché explícitamente de mi abuelo y de mi padre, de bendita memoria, que uno no debería preocuparse por asuntos tales [como sueños].

Las enseñanzas en el Talmud que atribuyen una gran importancia [a los sueños] solo se aplican a aquellas personas de gran altura espiritual, cuyos pensamientos se encuentran alejados de estos asuntos.

RABÍ MENAJEM MENDEL SCHNEERSOHN DE LUBAVITCH (*TZEMAJ TZEDEK*) 1789–1866

Rebe jasídico y destacado autor. El Tzemaj Tzedek fue el tercer líder del movimiento jasídico Jabad, y una destacada autoridad en el tema de la ley judía. Sus numerosas obras incluyen respuestas halájicas, discursos jasídicos, y escritos cabalistas. Tuvo un rol muy activo durante la difícil situación de la judería rusa, y trabajó para aliviar el sufrimiento de los cantonistas, los niños judíos secuestrados para servir en el ejército del Zar. Falleció en la ciudad de Lubavitch, dejando una descendencia de siete hijos y dos hijas.

Si aquellas personas tienen una experiencia fuera de lo normal, debe de ser una orquestación divina y, por lo tanto, es motivo para la preocupación.

Sin embargo, una persona cuyos pensamientos se dispersan regularmente, no debería tener motivos para preocuparse.

Mi abuelo repitió esto muchas veces a aquellas personas que se sentían miserables con sus sueños... debes ignorar esto por completo y estar alegre.

CALLEJÓN DEL SUEÑO
Leonid Afremov, óleo sobre lienzo, Florida, 2007

TEXTO 14

La transformación de los sueños

Sidur, Musaf para las festividades, *Ribonó shel Olam*

רִבּוֹנוֹ שֶׁל עוֹלָם, אֲנִי שֶׁלָּךְ וַחֲלוֹמוֹתַי שֶׁלָּךְ, חֲלוֹם חָלַמְתִּי וְאֵינִי יוֹדֵעַ מַה הוּא. יְהִי רָצוֹן מִלְּפָנֶיךָ ה' אֱלֹקַי וֵאלֹקֵי אֲבוֹתַי שֶׁיִּהְיוּ כָּל חֲלוֹמוֹתַי עָלַי וְעַל כָּל יִשְׂרָאֵל לְטוֹבָה, בֵּין חֲלוֹמוֹת שֶׁחָלַמְתִּי עַל אֲחֵרִים, וּבֵין שֶׁחָלַמְתִּי עַל עַצְמִי, וּבֵין שֶׁחָלְמוּ אֲחֵרִים עָלַי.

אִם טוֹבִים הֵם, חַזְּקֵם וְאַמְּצֵם, וְיִתְקַיְּמוּ בִּי וּבָהֶם כַּחֲלוֹמוֹתָיו שֶׁל יוֹסֵף הַצַּדִּיק.

וְאִם צְרִיכִים רְפוּאָה, רְפָאֵם, כְּחִזְקִיָּהוּ מֶלֶךְ יְהוּדָה מֵחָלְיוֹ, וּכְמִרְיָם הַנְּבִיאָה מִצָּרַעְתָּהּ, וּכְנַעֲמָן מִצָּרַעְתּוֹ, וּכְמֵי מָרָה עַל יְדֵי מֹשֶׁה רַבֵּנוּ, וּכְמֵי יְרִיחוֹ עַל יְדֵי אֱלִישָׁע.

וּכְשֵׁם שֶׁהָפַכְתָּ אֶת קִלְלַת בִּלְעָם הָרָשָׁע מִקְּלָלָה לִבְרָכָה, כֵּן תַּהֲפֹךְ כָּל חֲלוֹמוֹתַי עָלַי וְעַל כָּל יִשְׂרָאֵל לְטוֹבָה.

וְתִשְׁמְרֵנִי וּתְחָנֵּנִי וְתִרְצֵנִי.

"¡Amo del Universo! Yo soy Tuyo y mis sueños son Tuyos. He tenido un sueño y no sé qué es. Sea Tu voluntad, Hashem, mi Di-s y Di-s de mis padres, que todos mis sueños sobre mí y sobre cualquier miembro de Israel, sean para bien; ya sean los sueños que soñé sobre otros, o que otros soñaron sobre mí.

Si son buenos, fortalécelos y refuérzalos, y que se cumplan en mí y en ellos, al igual que los sueños de Iosef, el justo.

SIDUR

El *sidur* es el libro de rezos judío. Fue desarrollado originalmente por los sabios de la Gran Asamblea en el s.IV AEC, y reconstruído posteriormente por Rabán Gamliel luego de la destrucción del Segundo Templo. Varias autoridades continuaron agregando rezos, desde aquel entonces y hasta los tiempos modernos. Incluye alabanzas a Di-s, pedidos para la satisfacción de necesidades personales y nacionales, selecciones de la Biblia y mucho más. Las distintas comunidades judías tienen versiones levemente distintas del *sidur*.

Pero, si requieren remedio, cúralos como a Jizkiáhu, rey de Iehudá, de su enfermedad, como a Miriam, la profetisa, de su lepra, como a Naamán de su lepra, como a las aguas de Mará por Moshé, nuestro maestro, y como a las aguas de Ierijó por Elisha.

Tal como Tú has cambiado la maldición del malvado Bilám de maldición en bendición, así has de cambiar Tú todos mis sueños sobre mí y sobre todo Israel para bien.

Cuídame, sé gracioso conmigo, y fortaléceme."

Elaborado panel de letra inicial en un libro de oraciones para las festividades, copiado en el sur de Alemania alrededor de 1322. Este códice en pergamino es la segunda parte de un libro de rezos de tres partes, donde cada códice está exhibido en una biblioteca distinta. (Biblioteca Británica, Londres)

FIGURA 1.5

EL SUEÑO DEL CABALISTA
Shoshannah Brombacher,
Óleo sobre lienzo, Nueva York, 2020

VI. DULCES SUEÑOS

En términos generales, si bien las personas cuyas mentes se dispersan durante el día no deberían tomar en serio sus sueños nocturnos, sí debemos prestar atención a los sueños que nos inspiran a mejorar como personas.

TEXTO 15

Interpretación inspiradora

El Rebe, *Petakim Mishuljanó shel HaRebe*, 1, pág. 140

בִּכְלַל אֵין צְרִיכִים כְּלָל לְהוֹרָאוֹת עַל יְדֵי חֲלוֹמוֹת. שֶׁלָּזֶה נִתְּנָה מֵהַשֵּׁם לְכָל אֶחָד וְאֶחָד הַתּוֹרָה, שֶׁהִיא תּוֹרַת אֱמֶת וְתוֹרַת חַיִּים הַמְאִירָה דֶּרֶךְ הַיְהוּדִי בְּחַיָּיו.

כְּשֶׁאֵין מְקַיְּמִים צִוּוּיֵי הַשֵּׁם בְּתוֹרָתוֹ, לִפְעָמִים מְרַמְּזִים עַל זֶה בַּחֲלוֹם, וְכַיּוֹצֵא בָּזֶה.

פָּשׁוּט שֶׁאֵין מְרַמְּזִים לוֹ בְּנוֹגֵעַ לְעַוְלוֹת הָעוֹלָם כִּפְשׁוּטוֹ, שֶׁהֲרֵי זֶה אֵינוֹ בְּכוֹחוֹ לְתַקֵּן כְּלָל.

לְאִידָךְ, פָּשׁוּט פֵּרוּשׁ הַחֲלוֹם כִּפְשׁוּטוֹ מַרְאִים לוֹ שֶׁצָּרִיךְ לִהְיוֹת angry עַל שֶׁעוֹלָמוֹ (חַיָּיו הַפְּרָטִים שֶׁאַךְ בּוֹ תְּלוּיָה הַנְהָגָתוֹ) הוּא injustice, שֶׁלֹּא כְּתוֹרַת justice שֶׁל הַשֵּׁם.

וְצָרִיךְ לִהְיוֹת ascend לְהִתְעַלּוֹת מִיְּרִידָה זוֹ עַל יְדֵי חַיִּים יוֹמִיִּים כְּהוֹרָאַת הַשֵּׁם (כְּבְשֻׁלְחָן עָרוּךְ) בְּמַעֲשֶׂה בְּפֹעַל.

Como regla general, no es necesario que las instrucciones sean comunicadas por medio de los sueños. Para eso, Di-s nos dio a cada uno

RABÍ MENAJEM MENDEL SCHNEERSON
1902–1994

Fue el gran líder del siglo XX, conocido como 'el Lubavitcher Rebe' o, simplemente, 'el Rebe'. Nació en el sur de Ucrania, se escapó de la Europa ocupada por los Nazis y llegó a los Estados Unidos en junio del año 1941. El Rebe inspiró y guió la revitalización del judaísmo tradicional luego de la destrucción en Europa, causando un impacto en virtualmente toda comunidad judía del mundo. El Rebe a menudo hacía hincapié en que realizar tan sólo otra buena acción podría acelerar la llegada del Mashiaj. Los eruditos discursos y escritos del Rebe han sido impresos en más de 200 volúmenes.

de nosotros la Torá, la Torá de verdad y vida, que ilumina el camino en la vida del judío.

Cuando uno no está cumpliendo las instrucciones que Di-s da en la Torá, uno puede recibir indicios de esto en un sueño o similar.

Es seguro que el mensaje de tu sueño no trata sobre las injusticias del mundo en el sentido literal. Aquellas cuestiones están completamente más allá de tus capacidades de rectificación.

En cambio, el significado directo de tu sueño es claro: se te muestra que debes estar "enojado" sobre el hecho de que *tu* mundo - la vida personal sobre la que ejerces el control - está siendo llevado de forma "injusta", contrario a la justicia Divina.

Debes "ascender" de esta conducta por medio de un comportamiento diario de acuerdo con las instrucciones de Di-s, como figuran en el Código de Ley Judía.

Para más consejos del Rebe sobre cómo reaccionar ante los sueños, ver las págs. 38–39.

FIGURA 1.6

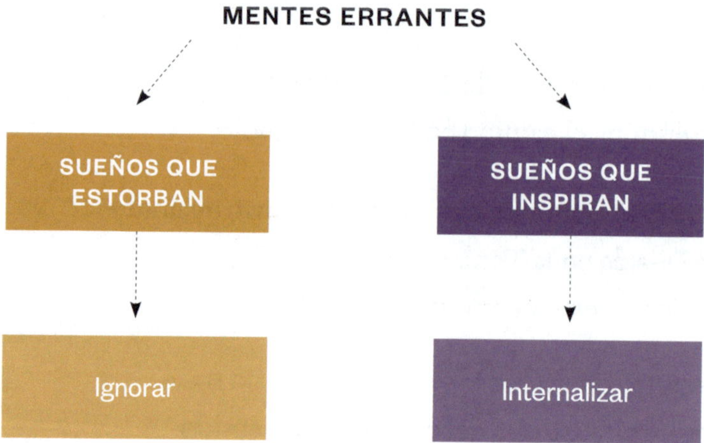

SUEÑO INTERNO
Shayna Denburg,
acrílico sobre lienzo

VII. SUEÑOS PACÍFICOS

Hemos estudiado las actitudes judías tradicionales hacia los sueños, y hemos logrado cierta claridad sobre cómo debemos reaccionar ante los sueños que tenemos.

Ahora vamos a ver consejos para mejorar nuestro sueño y reducir las pesadillas.

TEXTO 16

Prevención de pesadillas

El Rebe, *Igrot Kodesh* 14, pág. 326

עִנְיַן הַחֲלוֹמוֹת הַמְבַלְבְּלִים:

יָדוּעַ וּמְרֻמָּז גַּם בְּמַאֲמָרֵי רַבּוֹתֵינוּ ז"ל,
"אֵין אָדָם רוֹאֶה אֶלָּא מֵהִרְהוּרֵי לִבּוֹ",
אֲשֶׁר הַחֲלוֹמוֹת הֵם תּוֹלְדוֹת הַמַּחֲשָׁבָה בְּטֵלָה וְכוּ' אֲשֶׁר בְּמֶשֶׁךְ
הַיּוֹם. וּכְשֶׁמְּמַעֲטִים הַסִּבָּה, בְּדֶרֶךְ מִמֵּילָא מִתְמַעֵט הַמְּסֻבָּב . . .

יֵשׁ לִהְיוֹת זָהִיר בִּקְרִיאַת שְׁמַע שֶׁעַל הַמִּטָּה . . .
וְהַמְּזוּזָה בְּפֶתַח חַדְרוֹ כְּשֵׁרָה.

En cuanto a los sueños perturbadores:

Es bien sabido, y los sabios lo enseñan, que la gente ve en sus sueños el producto de sus propios pensamientos. Los sueños son el resultado de los pensamientos diurnos, y cuando la causa se reduce, el resultado automáticamente se minimizará...

Deberás ser exigente en la recitación del Shemá de antes de ir a dormir. . . y asegurarte de que la *mezuzá* de tu habitación sea kasher.

22

עליך כי אני יי רופאך· ויאמ

יי אל השטן· יגער יי בך השטן

ויגער יי בך הבוחר בירושלים

הלא זה אוד מוצל מאש

הנה מטתו שלשלמה

ששים גבורים סביב לה מגבורי

ישראל כלם אחזי חרב מלמדי

מלחמה איש חרבו על ירכו

El Shemá de antes de dormir en un manuscrito del año 1751, que contiene una colección de rezos comunes y bendiciones, acompañado por ilustraciones. Según la portada, el manuscrito fue producido en Tzilem Adam, un nombre frecuentemente utilizado para sugerir el pueblo austríaco de Deutschkreutz. Si bien no está firmado, se cree que el manuscrito es la obra del conocido escriba Aaron Wolf Herlingen. (Colección Braginsky 217)

PUNTOS CLAVE

1 El grado de significado de nuestros sueños está relacionado con el grado de enfoque y sentido de nuestros pensamientos diurnos. Las personas que piensan con una mayor intencionalidad tienen sueños más significativos, y aquellas cuyas mentes se dispersan tienen sueños insignificantes.

2 Incluso si un sueño tiene un significado, no todos sus detalles son precisos o significativos. La interpretación de sueños no es una ciencia exacta, y nunca puede considerarse cierta.

3 Como regla general, los sueños que causan preocupación y ansiedad deben ser desestimados. Cuando los sueños sí tienen un significado, su objetivo es inspirarnos a actuar y a mejorarnos a nosotros mismos.

4 No hay destino que no pueda cambiarse. Incluso si estamos convencidos de que un sueño en particular predice acontecimientos negativos, debemos saber que el rezo y las *mitzvot* pueden cambiar cualquier destino.

5 Es posible reducir las pesadillas por medio de mejorar la calidad de nuestros pensamientos diurnos. Tener una fe firme en Di-s y un ritual nocturno judío, es una táctica particularmente efectiva para lograr un sueño pacífico y refrescante.

Consejos del Rebe sobre sueños

Durante gran parte de fines del s.XX, el Lubavitcher Rebe, Rabí Menajem Mendel Schneerson, se escribió con muchos miles de individuos de todas las clases. Sus cartas abarcan todo el espectro de erudición y pensamiento judío, y la condición humana.

A continuación figura una selección de cartas del Rebe que tratan sobre las preguntas y preocupaciones de las personas por sus sueños.

"Los sueños hablan tonterías"

Debes abandonar este camino. Deja de preocuparte por los sueños. En muchas fuentes se explica que los sueños son significativos únicamente para aquellas personas que se conducen en todo detalle según la Torá y las *mitzvot*. Además, incluso en el caso de estas personas, los sabios nos enseñan que todo sueño contiene detalles insignificantes.

Sin embargo, para las personas ordinarias de nuestros tiempos, que hablan palabras vacías y tienen pensamientos vacíos de un significado de Torá, los sueños no son más que sueños.

A veces los sueños son una trampa de la inclinación al mal para distraer a las personas de un objetivo significativo. Por lo tanto, lo reitero: deja de pensar en tus sueños.

Sería apropiado que mandaras a revisar la *mezuzá* de tu habitación, como así también tus tefilin.

Igrot Kodesh 7, pág. 290–291

En nuestra santa Torá es un fallo claro que "los sueños hablan tonterías". Incluso si una persona tiene un sueño de que puede encontrar una suma de dinero en un lugar específico, y que debería tomar el dinero y donar la mitad en caridad - y ciertamente encuentra el dinero - la totalidad del dinero le pertenece a quien lo encontró, y no es necesario dar ni un centavo en caridad.

Deberías revisar tus *tefilin* y *mezuzot* y asegurarte de que tu conducta diaria vaya de acuerdo con la ley judía.

Me'otzar Hamelej 1, pág. 92

En cuanto al sueño por el cual consideraste ayunar, creo que tu decisión de abstenerte de ayunar fue la correcta, y deberás usar tu energía para objetivos de Torá.

Igrot Kodesh 4, pág. 158

Arreglando los sueños

Con respecto a tu pedido de bendecir a aquella persona cuyo padre fallecido se comunicó con ella en un sueño: la persona debería pedirle perdón al padre, en presencia de un *minián*, por no haber cumplido las leyes de luto durante el año después del fallecimiento de su padre. La Torá decreta que un padre tiene el derecho de perdonar el honor que merece.

También corresponde mandar a revisar los *tefilin* y *mezuzot* de la residencia de quien tuvo el sueño.

Igrot Kodesh, 15, pág. 277

Recibí tu carta, en la que pides consejos con respecto a los sueños que están perturbando a tu mujer.

Para empezar, deberás revisar las *mezuzot* de tu hogar. Luego, deberás preguntarle a tu esposa si alguna vez ofendió a alguien en el pasado. Si existió un incidente tal, ella debería hacer un pedido general de perdón en presencia de tres personas. Deberá decir: "Si ofendí el honor de cualquier judío, intencionalmente o sin quererlo, me arrepiento de esto de todo corazón, y pido perdón."

Creo que ya te mencioné en el pasado que antes de que tu esposa encienda las velas de Shabat y de las festividades, deberá hacer una donación para caridad, en apoyo de los pobres de la Tierra de Israel, según sus medios.

Estoy seguro de que, luego de hacer todo lo mencionado, sus sueños paulatinamente se irán yendo.

Igrot Kodesh, vol. 5, págs. 49–50

Transformando los sueños

Con respecto al sueño que tuviste hace un par de años: desde ese entonces ya has dicho el rezo de transformación de los sueños muchas veces, que se recita cuando los sacerdotes bendicen a la congregación. Por lo tanto, el sueño ya es uno bueno, y no hay motivos para seguir pensando en él.

Igrot Kodesh, 15, pág. 191

Sueños rabínicos en la Edad Media

Un importante manuscrito del s. XI de la *Igueret Rav Sherira Gaón*, guardada en la Biblioteca Estatal de Berlín.

S.X, BAGDAD, IRAK

RABÍ SHERIRA GAÓN (C. 906–C. 1006)

A fines del s.X, Rabí Sherira Gaón, director de la Academia Babilónica central, escribió una carta detallando el desarrollo e historia de la literatura rabínica. En su detallada cronología de sabios menciona que en un punto el puesto de director de la Academia Babilónica, el cargo de 'gaón', había sido designado basado en un sueño.

En el año 814, la academia necesitaba un nuevo gaón. Si bien el director del *beit din*, Rabí Aharón, era considerado el más calificado para el puesto, Rabí Iosef ben Rav Aba fue seleccionado debido a una instrucción en un sueño. Rabí Iosef pasó a ser un líder justo y sabio.

***Igueret Rav Sherira Gaón*, Gueonei Pumbedita**

S. XII, RATISBONA, BAVARIA

RABÍ EFRAIM DE RATISBONA (C. 1110–1175)

Durante gran parte de la Edad Media, la judería de Europa occidental debatía el estatus de kashrut del pez rodaballo (*Scophthalmus maximus*). En un momento, el Tosafista alemán Rabí Efraim de Ratisbona llegó a la conclusión halájica de que este pez era kasher.

La noche siguiente, Rabí Efraim tuvo un sueño, en el que un anciano con una larga barba blanca le traía un plato con gusanos que se movían. Cuando Rabí Efraim se enfadó, el hombre le dijo: "¿por qué estás enojado? ¡Tú mismo lo permitiste!" Rabí Efraim se despertó repentinamente y rompió todos los platos de la casa con los cuales se había comido dicho pescado.

***Or Zarúa, Avodá Zará* 200**

S. XII, MAINZ, RENANIA

RABÍ ELIEZER BEN NATAN (RAAVAN) (C. 1090–C. 1170)

Rabí Eliezer ben Natan, uno de los primeros miembros de la Escuela Tosafista de análisis Talmúdico, registra una pregunta que se le hizo una tarde de Shabat en 1152, en cuanto al estatus de kashrut de una vasija de vino. Luego de algunas preguntas, dictaminó que el vino estaba permitido y hasta bebió del mismo.

Rabí Eliezer luego se durmió una siesta de Shabat, y soñó que su maestro le leía el versículo de Amos (6:6), "Beben de tazones de vino" y luego agregaba las palabras "y cerdo".

"Comprendí que esto se refería a aquellos que consumen vino no kasher y comen cerdo" escribe Rabí Eliezer. "Me desperté y me di cuenta de que había sido un error declarar kasher al vino." Dictaminó que el vino estaba prohibido para el consumo, y ayunó durante dos días, junto con todos aquellos que habían bebido del vino.

Raavan, *She'elot Uteshuvot 26*

Portada de la primera edición de *Raaván*, publicado en Praga en el año 1610.

Un manuscrito iluminado de *Sefer Mitzvot Gadol*, guardado en las Bibliotecas Bodleian de la Universidad de Oxford.

S.XIII, COUCY, FRANCIA

RABÍ MOSHÉ DE COUCY (C. 1200–1260)

Cuando el tosafista y codificador francés, Rabí Moshé de Coucy, comenzó a compilar su lista de *mitzvot* en 1240, no tenía la intención de clasificar el versículo, "Ten cuidado, no sea que te olvides de Di-s al no cumplir sus preceptos" (Deuteronomio 8:11) como un precepto negativo independiente. No obstante, una visión en su sueño le dijo que no había entendido nada y le señaló dicho versículo. "Medité sobre ellos por la mañana y me di cuenta de que ciertamente es un fundamento del temor a Di-s" escribe. Vio la sabiduría del sueño e incluyó la advertencia en su clasificación.

***Sefer Mitzvot Gadol*, Precepto negativo 64**

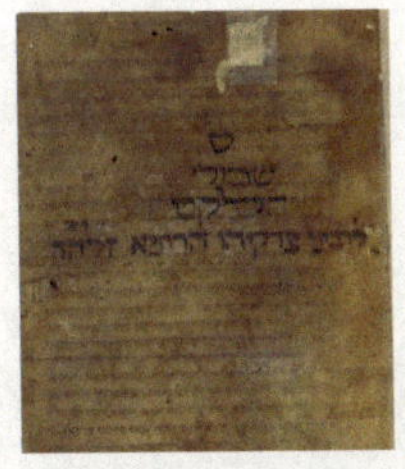

Un manuscrito de *Shibolei Haleket*, transcripto en el año 1260, durante la vida del autor.

S.XIII, ROMA, ITALIA

RABÍ TZIDKIÁ BEN AVRAHAM(C. 1220–1280)

En su compilación clásica de ley ritual, *Shibolei Haleket*, Rabí Tzidkiá ben Avraham registra la costumbre de ayunar el viernes antes del Shabat *Parshat Jukat* en señal de duelo por la quema del Talmud ese día en Francia en el año 1242.

"Aquel día quemaron veinticuatro vagones llenos de manuscritos del Talmud, Halajá y Agadá" escribe. "Escuchamos que aquellos rabinos que lo presenciaron preguntaron vía un sueño si el decreto estaba asociado a la fecha, y recibieron una respuesta afirmativa. Desde ese entonces, tomaron sobre sí mismos el ayuno anual en esa fecha."

***Shibolei Haleket*, Leyes del ayuno 263**

ספר
שאלות ותשובות
מהר"ח אור זרוע

Portada de la primera edición de *Sheelot Uteshuvot Tashbetz*, publicado en Amsterdam, en el año 1738.

FINES DE S.XIII, AUSTRIA

RABÍ JAIM OR ZARÚA (C. 1250–1310)

Uno de los últimos tosafistas, Rabí Jaim Or Zarúa, estaba luchando contra un pasaje en el Talmud que contenía algunas variantes textuales. Los primeros tosafistas, al igual que Rashi, insistían con que la frase en cuestión era un error de escritura, y que había sido borrada del manuscrito de Rabí Jaim. Rabí Jaim vio en un sueño al fallecido Rabí Meir (Maharam) de Rothenburg, a quien nunca había conocido personalmente. Rabí Meir le dijo que volviera a establecer la versión anterior del texto, debido a que no había podido comprender la versión nueva. Así hizo Rabí Jaim.

***Sheelot Uteshuvot Maharaj Or Zarúa* 164**

1200 1250 1300 1350 1400

S. XIII, MEYRUEIS, FRANCIA

RABÍ IAAKOV DE MARVÈGE (D. 1233)

El tosafista Rabí Iaakov de Marvège tenía la costumbre única de buscar regularmente respuestas halájicas del Cielo. Luego de aislarse, recitar nombres Divinos específicos, y rezar, él recibía respuestas a sus preguntas vía los sueños. Él registró las respuestas en su destacable obra, *Sheelot Uteshuvot Min Hashamaim—Preguntas y respuestas del Cielo.*

En una ocasión, Rabí Iaakov pidió un veredicto final sobre la discusión duradera entre Rashi (1040–1105) y Rabeinu Tam (1100–1171), con respecto a cómo ordenar los pasajes de las escrituras que van en los *tefilín*. "Ambas son la palabra del Di-s Viviente" dijo la respuesta. "Así como hay una discusión abajo, hay una discusión arriba."

***Sheelot Uteshuvot Min Hashamaim* 3**

Portada de la primera edición de *Sheelot Utohuvot Tashbetz*, publicada en el año 1738 en Amsterdam.

S. XV, ARGEL, ARGELIA

RABÍ SHIMON BEN TZEMAJ DURAN (RASHBATZ) (1361–1444)

La ciudad de Argel, de la cual Rabí Shimon ben Tzemaj Duran era el Rabino Principal, tenía la costumbre de permitir la carne de animales con un cierto defecto de salud potencialmente problemático. Apoyándose en la costumbre local y las autoridades indulgentes de la literatura rabínica, Rabí Shimon una vez consumió la carne de un animal tal. Esa noche soñó que había comido un alimento prohibido, y se despertó totalmente sudado. De ahí en adelante, fue estricto en no volver a consumir mas ese tipo de carne.

***Sheelot Uteshuvot Tashbetz* 159**

CLASE

2

RETRATO DE UN ASTRÓNOMO DESCONOCIDO
Anthony van Dyck, óleo sobre lienzo, Bélgica, alrededor de 1630

ESTRELLAS Y SIGNOS

El judaísmo insiste con que siempre podemos influir sobre nuestro destino a fines de mejorarlo. Sin embargo, ¡el popular "mazel tov" significa literalmente "buena astrología"! ¿Qué rol juega el destino en una tradición que cree en el libre albedrío de los humanos?

I. INTRODUCCIÓN

Vivimos en un mundo de incertidumbre, donde las cosas cambian constantemente, y hay muchísimas cosas más allá de nuestro control. Durante milenios, los humanos han recurrido a las estrellas del cielo como fuente de información, buscando la claridad sobre qué esperar en un mundo terrenal confuso y la guía para navegarlo. En un mundo cuyo ritmo ha acelerado y que es aún más estresante, la astrología continúa siendo popular.

Durante esta clase exploraremos las perspectivas judías sobre la astrología, y qué nos enseñan sobre la actitud que debemos tener hacia la vida en general.

FIGURA 2.1

Creencia en astrología entre adultos de los EE.UU.

Centro de Investigación Pew, "Creencias 'New Age' son comunes tanto entre americanos religiosos como no religiosos" octubre 2018

FIGURA 2.2

Las tres ramas principales de la astrología

(Información de britannica.com, "astrología")

NATAL (GENETLÍACA)	Las posiciones de los planetas y los signos del zodíaco (las doce constelaciones astrológicas) en el momento del nacimiento de una persona afectan su personalidad y rumbo en la vida.
GENERAL	Las circunstancias astrológicas afectan los acontecimientos mundiales.
CATÁRQUICA	Las circunstancias astrológicas de un momento en particular afectan las posibilidades de éxito de una acción en particular. Al actuar en momentos astrológicamente favorables, las personas pueden determinar el éxito de sus acciones.

?

PREGUNTA

¿Cuál crees que es la postura judía sobre la astrología y por qué?

II. ASTROLOGÍA EN EL TALMUD

Los sabios del Talmud transmitieron muchas enseñanzas astrológicas. En esta sección, analizaremos el sistema astrológico presentado en múltiples fuentes talmúdicas. Luego veremos un ejemplo de cómo los sabios utilizaron este conocimiento para interpretar la Escritura.

El sistema astrológico encontrado en las fuentes talmúdicas

Cada hora del día se encuentra asociada a uno de los siete cuerpos celestiales. Comenzando por la primera hora del sábado a la noche, el ciclo sigue el orden de Mercurio, la Luna, Saturno, Júpiter, Marte, el Sol, y Venus. De acuerdo con este sistema, cada hora de la semana tiene un cuerpo celestial fijo que "gobierna" sobre ella, influyendo sobre las ocurrencias de esta hora.

Los cuerpos celestiales que "gobiernan" la primera hora de la noche y del día de cada día son los signos diarios.

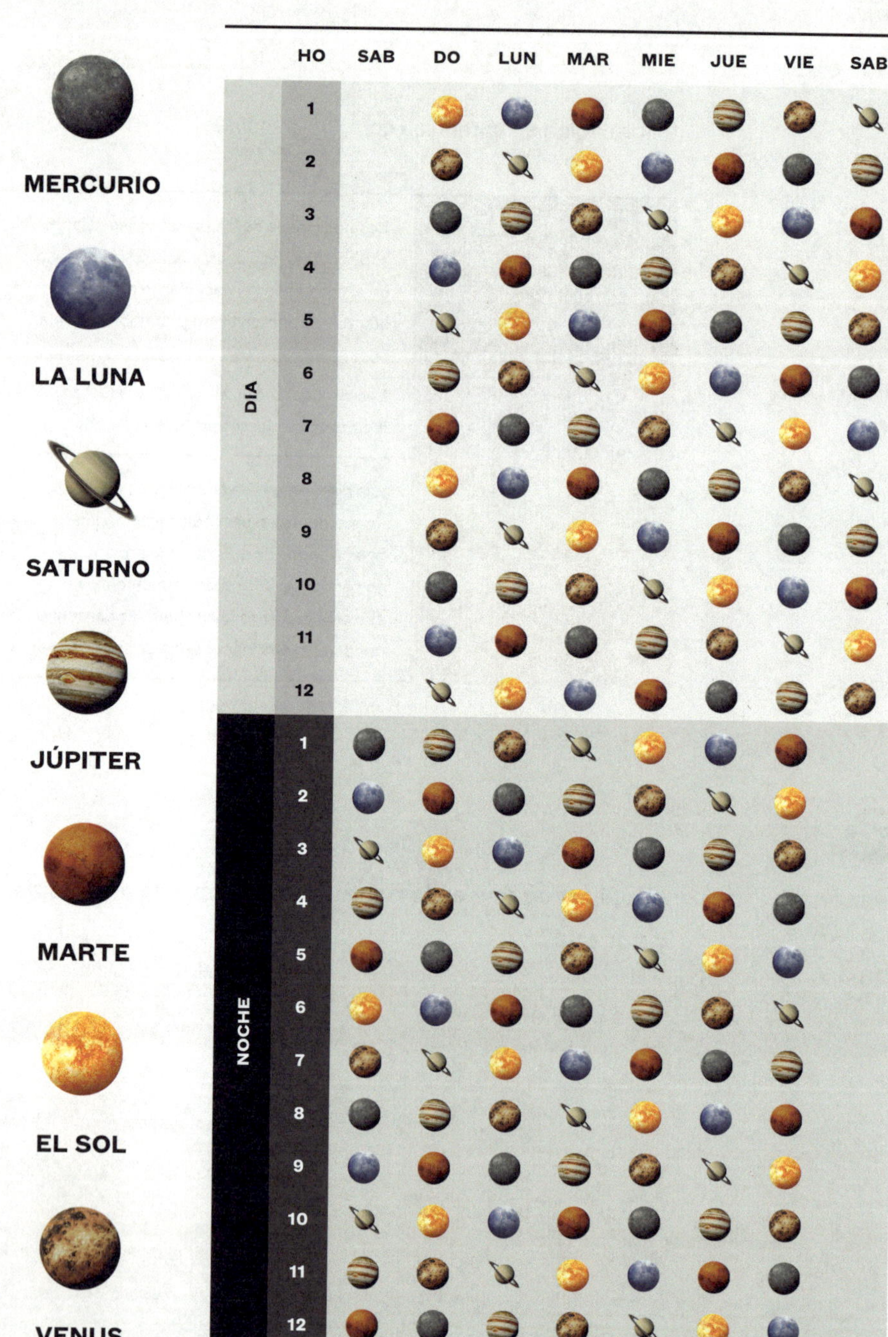

Carta del Destino de Rabí Janina

Basados en el Talmud, Shabat 156a

NACIDO BAJO	DESTINO
SOL	Apariencia brillante
LUNA	Sufrir aflicciones
MERCURIO	Radiancia y sabiduría
VENUS	Riqueza y promiscuidad
MARTE	Derramador de sangre
JÚPITER	Rectitud
SATURNO	No se cumplirán los planes

Mazalot mensuales

Cada mes tiene una constelación asociada que influye sobre ella.

NISÁN	טָלֶה	Aries
IAR	שׁוֹר	Tauro
SIVÁN	תְּאוֹמִים	Géminis
TAMUZ	סַרְטָן	Cáncer
AV	אַרְיֵה	Leo
ELUL	בְּתוּלָה	Virgo
TISHREI	מֹאזְנַיִם	Libra
JESHVÁN	עַקְרָב	Escorpio
KISLEV	קֶשֶׁת	Sagitario
TEVET	גְּדִי	Capricornio
SHVAT	דְּלִי	Acuario
ADAR	דָּגִים	Piscis

TEXTO 1A

El decreto del Faraón

Éxodo 1:22

וַיְצַו פַּרְעֹה לְכָל עַמּוֹ לֵאמֹר: כָּל הַבֵּן הַיִּלּוֹד
הַיְאֹרָה תַּשְׁלִיכֻהוּ, וְכָל הַבַּת תְּחַיּוּן.

El Faraón le ordenó a todo su pueblo: "Todo niño que nace debe ser arrojado al Nilo, y dejad vivir a toda niña."

El Faraón habla con las parteras y un bebé es arrojado al Nilo. Miniatura de la *Hagadá Dorada*, un códice en pergamino del s. XIV, copiado en Cataluña, España, que contiene varias ilustraciones en color y doradas representando escenas de Pésaj y otros episodios bíblicos, y decoraciones textuales. (Biblioteca Británica, Londres)

TEXTO 1B

La advertencia de los astrólogos

Rashi, ad loc.

לְכָל עַמּוֹ: אַף עֲלֵיהֶם גָּזַר. יוֹם שֶׁנּוֹלַד מֹשֶׁה אָמְרוּ לוֹ אִצְטַגְנִינָיו: הַיּוֹם נוֹלָד מוֹשִׁיעָן, וְאֵין אָנוּ יוֹדְעִים אִם מִמִּצְרַיִם אִם מִיִּשְׂרָאֵל, וְרוֹאִין אָנוּ שֶׁסּוֹפוֹ לִלְקוֹת בַּמַּיִם.

לְפִיכָךְ גָּזַר אוֹתוֹ הַיּוֹם אַף עַל הַמִּצְרִיִּים.

El Faraón emitió este decreto también sobre su propio pueblo. Lo hizo porque el día en que Moisés nació, sus astrólogos le dijeron: "El salvador del pueblo judío nació hoy, pero no sabemos si esta persona es un judío o un egipcio. Sin embargo, sí vemos que su ruina vendrá por medio del agua."

Por lo tanto, ese mismo día, el Faraón emitió un decreto contra todos los niños recién nacidos, incluyendo a los egipcios.

RAB. SHLOMO ITZJAKI (RASHI)
1040–1105

Es el comentarista bíblico y talmúdico más destacado. Nació en Troyes, Francia, y estudió en las famosas *ieshivot* de Mainz y Worms. Sus comentarios sobre el Pentateuco y el Talmud, que se enfocan en una comprensión directa del texto, aparecen en todas las ediciones del Talmud y de la Biblia.

Ilustración que representa a infantes siendo arrojados al río Nilo en la *Hagadá de Segre Módena*, un iluminado manuscrito hebreo copiado en Italia durante los siglos XVIII o XIX. (Biblioteca de la Universidad de Estense, Módena, Italia)

Perspectivas astrológicas sobre relatos bíblicos

Si bien la astrología no se menciona explícitamente en la Biblia, los sabios talmúdicos utilizaron esta perspectiva para explicar unos cuantos episodios bíblicos.

1743 AEC

El nuevo destino de Abraham

Génesis 15:1-6

Cuando Avraham expresó su preocupación sobre su falta de hijos para sucederlo, Di-s le aseguró que tendría un hijo. Di-s condujo a Avraham hacia afuera y le señaló las estrellas de los cielos: "Mira hacia el cielo y cuenta las estrellas, si es que puedes. Así será tu descendencia."

El Talmud explica que detrás del escepticismo de Avraham hubo un diálogo sobre el valor predictivo de la astrología. Avraham le discutió: "Amo del Universo, leí mis signos astrológicos, y no me es posible tener un hijo." Di-s le respondió: "Abandona la astrología: el pueblo judío no está controlado por las constelaciones. ¿Te preocupa que Júpiter se encuentre en el oeste? ¡Moveré a Júpiter al este!" Avraham y su esposa Sara efectivamente tuvieron un hijo, Itzjak, a los 100 y 90 años respectivamente.

Talmud, Shabat 156a; ver también *Rashi, Génesis 15:3*

1677 AEC

El regalo de la astrología

Génesis 25:1-6

Luego de la muerte de su esposa, Sará, Avraham se casó con otra mujer llamada Keturá, quien le dio seis hijos. Sin embargo, solo Itzjak debía heredar, entonces Avraham envió a sus otros hijos hacia el este. Antes de hacerlo, les dio regalos.

Según una de las interpretaciones del Midrash, estos "regalos" no eran materiales, sino el regalo intelectual de un profundo conocimiento de la astrología.

Midrash Sejel Tov 25:6; ver también *Talmud, Sanedrín 91a*

1673 AEC

1545 AEC

Avraham, el astrólogo

Génesis 24:1

El versículo afirma que, a la edad de 140 años, Avraham estaba entrado en años, pero Di-s lo bendijo "con todo".

Una interpretación talmúdica de "con todo" es que se refiere al increíble conocimiento astrológico de Avraham: "nuestro patriarca Avraham tenía tal conocimiento de astrología que todos los reyes del este y el oeste acudían a su puerta".

Talmud, Bava Batra 16b

El poder seductor de la astrología

Génesis 39:1-20

Luego de ser vendido como esclavo con rumbo a Egipto, Iosef fue comprado por un prominente miembro de la corte egipcia llamado Potifar. En el hogar de Potifar, Iosef demostró su valor, destacándose en todas las asignaciones. Pronto, Potifar le dio a Iosef el control total de todos los asuntos de su hogar. Sumamente guapo, la esposa de Potifar intentó seducirlo en repetidas ocasiones. Cuando Iosef la rechazó, la señora de Potifar lo acusó falsamente de intento de violación, y Iosef fue encarcelado.

Una interpretación midráshica sostiene que había un fundamento astrológico para los intentos de seducción de la señora de Potifar: "Había visto en las estrellas que estaba destinada a producir descendencia de Iosef. No obstantc, no qucdaba claro si clla misma tendría hijos de Iosef, o serían de su hija." Años después de ese episodio, Iosef ciertamente se casó con la hija de Potifar, Asnat.

Bereishit Rabá *85:2*

1313 AEC

La estrella malvada

Éxodo 10:3-15

Luego de que siete plagas devastaran Egipto, el Faraón se tomó muy en serio la advertencia de Moshé con respecto a una octava plaga - langostas. Escuchando los reclamos de su pueblo de "deja ir al pueblo a que sirvan a su Di-s" el Faraón le preguntó a Moisés cuáles eran sus pretensiones. Moshé contestó inequívocamente: "Nos iremos con nuestros jóvenes y nuestros ancianos, nuestros hijos y nuestras hijas, nuestras ovejas y nuestro ganado, porque celebraremos un festival para Di-s." El Faraón no aceptó las exigencias de Moisés, diciendo que sólo dejaría ir a los hombres. El Faraón también le dio una advertencia críptica a Moisés: "¡Mira, el mal - raá - está ante ti!"

En su comentario, Rashi cita una comprensión midráshica de la advertencia del Faraón. Paró estaba diciendo: "En mis cartas astrológicas veo que una estrella de mal agüero llamada Raá está surgiendo y saldrá a tu encuentro en el desierto, y anuncia la sangre y la muerte." Más adelante, cuando Di-s deseó castigar al pueblo judío por su pecado del Becerro de Oro, Moshé utilizó esta predicción exitosamente como argumento ante Di-s de por qué debería perdonar al pueblo. Si el pueblo judío moría en el desierto, esto sería visto como la validación de la narrativa astrológica egipcia.

Rashi, Éxodo 10:10

1313 AEC

Guerra astrológica

Éxodo 17:9-13

Cuando el pueblo judío fue atacado ferozmente en el desierto por los brutales amalequitas, Moshé le dio a Ieoshúa la tarea de liderar la batalla en su contra. "Elige hombres para nosotros" le ordenó Moshé, "y sal a luchar contra Amalek".

Varios comentaristas entienden la orden de Moshé de "elegir hombres" en el contexto de lo que las fuentes talmúdicas describen como la gran dependencia de los amalequitas de los signos astrológicos. Los amalequitas llenaban los rangos con soldados cuyos horóscopos descartaban sus muertes en ese año. Para contrarrestar su poder, a Ieoshúa se le encargó "elegir hombres" de entre el pueblo judío con destinos astrológicos similares, anulando la ventaja de los amalequitas.

Rabeinu Bejaié, Éxodo 17:9; ver también el *Talmud de Jerusalén, Rosh Hashaná 3:8*

833 AEC

Salomón y el Faraón

I Reyes 5

Luego de describir la subida al trono del Rey Salomón, el alcance de su autoridad, y la paz que reinó durante su gobierno, el libro de Reyes describe su gran sabiduría: "Di-s le dio a Salomón sabiduría, un entendimiento increíble y una mente extensa como la arena en la costa. La sabiduría de Salomón superaba la sabiduría de los orientales y toda la sabiduría de Egipto."

El Midrash registra un episodio que ilustra la capacidad de Salomón de ganarle a los egipcios en su propio juego. Cuando Salomón comenzó la construcción del Templo Sagrado en Jerusalén, le pidió al gobernador egipcio del momento, el Faraón Nejo, que le enviara trabajadores calificados - a expensas del rey Salomón - para que ayudaran a construir el Templo. El Faraón reunió a sus astrólogos, y éstos identificaron a aquellas personas que estaban destinadas a morir durante ese año. Enviaron a estas personas a Salomón. Cuando llegaron, Salomón inmediatamente se dio cuenta de lo ocurrido. Les dio mortajas a todos los trabajadores, y los envió de regreso con el mensaje: "¿No tienen mortajas para enterrar a sus muertos? Aquí están, y aquí están sus mortajas."

Pesikta DeRav Kahana *4:3;* ver *Rashi, I Reyes 5:10*

357 AEC

El zodíaco de Hamán

Génesis 39:1-20

Luego de que el rey persa Ajashverosh ascendiera a Hamán al puesto de primer ministro, Hamán estaba indignado de que el judío Mordejai se negaba a prosternarse ante él. Planeando vengarse y exterminar al pueblo judío, Hamán utilizó un tipo de lotería para decidir qué fecha sería más auspiciosa para su decreto.

El Midrash registra los cálculos de Hamán, en los que consideró qué signo del zodíaco apoyaría mejor su plan genocida. Aries, el carnero, favorecía a los judíos porque representaba el mes de Pesaj y el cordero pascual. Tauro también era considerado pro-judío, debido a la asociación de Iosef con el toro y las ofrendas de toros en el Templo. Géminis le recordaba los antepasados del rey David, los mellizos Peretz y Zeraj. Leo estaba asociado de cerca con Daniel y la tribu de Iehudá. Virgo probablemente invocaría el mérito de Janania, Mishael y Azariá, que se negaron a abandonar a su Di-s con total sinceridad. Libra estaba relacionado con Iov, Escorpio con Ezequiel, Sagitario con Iosef, y Acuario con Moshé, quien extrajo agua para las hijas de Itró. Finalmente, Hamán llegó a Piscis, no encontró ninguna señal positiva para los judíos, y se alegró. Pero esto también falló, ya que en vez de ser el pez que se tragó a los judíos, Hamán mismo fue tragado.

Midrash, Ester Rabá *7:11*

III. TEOLOGÍA VERSUS ASTROLOGÍA

Por lo que hemos estudiado hasta ahora, parecería que los sabios talmúdicos aceptaron completamente a la astrología como medio para comprender los destinos personales y predecir el futuro. Sin embargo, una creencia absoluta en la astrología da lugar al surgimiento de una serie de problemas teológicos.

TEXTO 2

El principio del libre albedrío

Maimónides, *Mishné Torá*, Leyes del arrepentimiento 5:2–4

אַל יַעֲבֹר בְּמַחֲשַׁבְתְּךָ דָּבָר זֶה שֶׁאוֹמְרִים טִפְּשֵׁי הָאֻמּוֹת . . . שֶׁהַקָּדוֹשׁ בָּרוּךְ הוּא גּוֹזֵר עַל הָאָדָם מִתְּחִלַּת בְּרִיָּתוֹ לִהְיוֹת צַדִּיק אוֹ רָשָׁע. . .

אִלּוּ הָיָה הָאֵ־ל גּוֹזֵר עַל הָאָדָם לִהְיוֹת צַדִּיק אוֹ רָשָׁע, אוֹ אִלּוּ הָיָה שָׁם דָּבָר שֶׁמּוֹשֵׁךְ אֶת הָאָדָם בְּעִקַּר תּוֹלַדְתּוֹ לְדֶרֶךְ מִן הַדְּרָכִים, אוֹ לְמַדָּע מִן הַמַּדָּעוֹת, אוֹ לְדֵעָה מִן הַדֵּעוֹת, אוֹ לְמַעֲשֶׂה מִן הַמַּעֲשִׂים, כְּמוֹ שֶׁבּוֹדִים מִלִּבָּם הַטִּפְּשִׁים הוֹבְרֵי שָׁמַיִם - הֵיאַךְ הָיָה מְצַוֶּה לָנוּ עַל יְדֵי הַנְּבִיאִים "עֲשֵׂה כָּךְ", וְ"אַל תַּעֲשֶׂה כָּךְ", "הֵטִיבוּ דַּרְכֵיכֶם", וְ"אַל תֵּלְכוּ אַחֲרֵי רִשְׁעֲכֶם". וְהוּא מִתְּחִלַּת בְּרִיָּתוֹ כְּבָר נִגְזַר עָלָיו, אוֹ תּוֹלַדְתּוֹ תִּמְשֹׁךְ אוֹתוֹ לְדָבָר שֶׁאִי אֶפְשָׁר לוֹ לָזוּז מִמֶּנּוּ?

וּמַה מָּקוֹם הָיָה לְכָל הַתּוֹרָה כֻּלָּהּ? וּבְאֵי זֶה דִּין וְאֵי זֶה מִשְׁפָּט נִפְרָע מִן הָרָשָׁע אוֹ מְשַׁלֵּם שָׂכָר לַצַּדִּיק? "הֲשֹׁפֵט כָּל הָאָרֶץ לֹא יַעֲשֶׂה מִשְׁפָּט?" (בְּרֵאשִׁית יח, כה).

RABÍ MOSHÉ BEN MAIMÓN (MAIMÓNIDES, RAMBAM) 1135–1204

Legislador, filósofo, autor, y médico. Maimónides nació en Córdoba, España. Luego de la conquista de Córdoba por parte de los almohades, huyó de España y eventualmente se estableció en El Cairo, Egipto. Allí se convirtió en el líder de la comunidad judía, y se desempeñó como médico de la corte del visir de Egipto. Es más conocido por ser el autor del *Mishné Torá*, un arreglo enciclopédico sobre ley judía; y por su labor en el campo de la filosofía, la *Guía de los Perplejos*. Sus decisiones sobre ley judía son indispensables para llegar a un consenso halájico.

No contemples la tesis de la gente tonta...de que Di-s decreta en el momento de la creación de una persona si ésta será justa o malvada....

Si Di-s fuera a decretar que una persona será justa o malvada, o que habrá una cualidad innata que obliga a una persona a una cierta conducta, forma de pensar, atributos o acciones - como imaginan los tontos proponentes de la astrología - ¿cómo podría Él ordenarnos "Hagan esto", "No hagan lo otro", "Mejoren su conducta" o "No vayan detrás de su maldad"? Según su concepción errónea, ya ha sido decretado o predeterminado que la persona actuará de cierta manera.

Además, de ser cierto, ¿dónde entraría la Torá? ¿Qué estándar de justicia habría para administrar castigos a los malvados o recompensas a los justos? "¿Acaso el Juez del mundo entero no actuará con justicia?" (GÉNESIS 18:25).

TEXTO 3

El principio de la profecía

Maimónides, *Mishné Torá*,
Leyes de los Fundamentos de la Torá 7:1

מִיסוֹדֵי הַדָּת לֵידַע שֶׁהָאֵ-ל מְנַבֵּא אֶת בְּנֵי הָאָדָם.

Una creencia fundamental en la fe judía es que Di-s otorga la profecía a las personas.

FIGURA 2.3

Desafíos teológicos judíos de la astrología

A. LIBRE ALBEDRÍO

Si todo se encuentra predeterminado por configuraciones astrológicas, ¿qué sentido tienen los preceptos de la Torá para nosotros?

B. RECOMPENSA Y CASTIGO

Si nuestros destinos están predeterminados, ¿qué peso tienen nuestras mitzvot y nuestros rezos?

C. PROFECÍA

¿Por qué Di-s necesita mandarnos profetas si el futuro puede predecirse por medio de la astrología?

IV. "CUASI- ASTROLOGÍA"

Claramente, toda creencia judía en la validez de la astrología debe ser moderada por importantes restricciones para alinearla a los principios cardenales de la creencia judía.

TEXTO 4

Inclinaciones astrológicas

Rabí Sherira Gaón, *Teshuvot Upirushei Rav Sherira Gaón*, vol. 2, pág. 524

לְעִנְיַן גַנְבוּתָא וּזְנִיוּתָא . . . לֹא גָרֵים מַזָל אֶלָא תַאֲוָה וְתֵאָבוֹן בְּעָלְמָא דְהַוָאֵי כְּאִינִישׁ דִשְׁקִיקָא דַעֲתֵיה וּכְסִיפָא נַפְשֵׁיה וּמִטָרְפָא רוּחֵיה לְהַהִיא גַנְבוּתָא וְגַזְלָנוּתָא אוֹ לְהָהִיא זְנִיוּתָא, וְיָכִיל הוּא לְמֵיכִיפֵה לְתַאֲוָתוֹ וּלְאִתְגַבּוּרֵי עֲלָה.

וּכְגוֹן יֵצֶר רַע בְּעָלְמָא הִיא, דְאִית זִמְנִין שֶׁהוּא מִתְגַבֵּר עַל הָאָדָם וּמִתְגָרֶה בּוֹ הַרְבֵּה, וְיָכִיל אָדָם לְמִיכְפֵּיה . . . דְתַאֲוָה בְּעָלְמָא הוּא שֶׁגוֹרֵם לָהֶם מַזָל, וּמַגְבֵּר עֲלֵיהֶן אֶת יִצְרָן וְיָכְלִין לְמִדְחֵיה דְרַחֲמָנָא שָׁוֵי בְּהוֹן חֵילָא לְמִדְחֵיה וּלְמִיכְפֵּיה . . .

הַהוּא דְגָרֵם לֵיה מַזָלֵיה לְהִתְגַבֵּר עָלָיו יִצְרוֹ וְצָרִיךְ לְמִטְרַח וּלְמִסְבַּל נִוּוּל קָשֶׁה בְּמִדְחֵיה אִית לֵיה אַגְרָא נְפִישָׁא קָמֵי שְׁמַיָא כַּד דָחֵי לֵיה מִפִּי מִמִּי שֶׁלֹא גָבַר עָלָיו יִצְרוֹ כָּמוֹהוּ.

וּכְלָל מַאי דְגָרִים מַזָל, לְדִבְרֵיהֶן שֶׁל אֵלוּ, תַאֲוָה שֶׁיָכוֹל לִדְחוֹתָהּ הוּא.

En cuanto a las predicciones astrológicas que tratan sobre promiscuidad, robo y demás... los cuerpos celestiales solo generan inclinaciones

RABÍ SHERIRA GAÓN
C. 906–1006

Rabino y autoridad halájica. Rabí Sherira nació en Babilonia, en el seno de una prestigiosa familia de eruditos, y en el año 968 fue designado líder de la ieshivá en Pumbedita, un cargo conocido como 'gaón'. El gaón era considerado la autoridad halájica líder del mundo judío y escribía muchas respuestas a comunidades desde España hasta la India. Es conocido por sus *Igueret DeRabi Sherira Gaón*, donde explica cómo el Talmud fue formulado, y evaluando la historia judía hasta sus tiempos.

y deseo. Dichas personas pueden sentirse atraídas hacia el robo o la promiscuidad, pero pueden abstenerse de ello y superar su inclinación.

Esto se asemeja a la inclinación negativa estándar con la que todos lidiamos - a veces nos tienta fuertemente, pero podemos superarla. Los cuerpos celestiales solo pueden causar una atracción, aumentando la fuerza de la inclinación negativa. Di-s le ha dado a dicha gente la fuerza necesaria para vencer sus inclinaciones...

La gente que debe esforzarse mucho para superar su inclinación negativa - como resultado de circunstancias astrológicas - recibe una mayor recompensa por parte de Di-s que aquellas personas que no se sienten tan tentadas.

En resumen, todo lo que pueden determinar los cuerpos celestiales, según aquellos que creen en su poder, es un deseo que puede ser superado.

Ilustraciones de dos de los gráficos astronómicos y de símbolos del zodíaco, del *Manuscrito Astronómico de Viena*, producido en España, alrededor del 1391, por un artista desconocido. El manuscrito es una recopilación de varios tratados astronómicos y astrológicos por astrónomos famosos tales como Avraham ibn Ezra. (Biblioteca Nacional Austríaca, Viena)

TEXTO 5A

Evitando el destino

Talmud, Shabat 156b

רַבִּי עֲקִיבָא הֲוָיָא לֵיהּ בְּרַתָּא. אָמְרִי לֵיהּ כַּלְדָאֵי:
הַהוּא יוֹמָא דְּעָיְלָה לְבֵי גְנָנָא, טָרִיק לָהּ חִיוְיָא
וּמִיתָא. הֲוָה דָּאִיגָא אַמִּילְתָא טוּבָא.

הַהוּא יוֹמָא שְׁקַלְתָּה לְמַכְבַּנְתָּא דַּצְתָּא בְּגוּדָא.
אִיתְרָמִי אִיתִיב בְּעֵינֵיהּ דְּחִיוְיָא. לְצַפְרָא כִּי קָא
שָׁקְלָה לָהּ, הֲוָה קָא סָרִיךְ וְאָתֵי חִיוְיָא בַּתְרָהּ.

אָמַר לָהּ אֲבוּהָ: מַאי עֲבַדְתְּ. אָמְרָה לֵיהּ: בְּפַנְיָא
אֲתָא עַנְיָא קָרָא אַבָּבָא, וַהֲווּ טְרִידִי כּוּלֵּי עָלְמָא
בִּסְעוּדְתָא וְלֵיכָּא דְּשָׁמְעֵיהּ. קָאֵימְנָא, שְׁקַלְתֵּי
לְרִיסְתְּנַאי דְּיָהֲבַתְּ לִי, יְהַבְתֵּיהּ נִיהֲלֵיהּ.

אָמַר לָהּ: מִצְוָה עָבַדְתְּ. נָפַק רַבִּי עֲקִיבָא וְדָרַשׁ:
וּצְדָקָה תַּצִּיל מִמָּוֶת (משלי י, ב).

Rabí Akiva tenía una hija. Los astrólogos le dijeron que la noche de su boda sería mordida por una serpiente y moriría. Rabí Akiva estaba muy preocupado por esto.

Llego el día de la boda de la jovencita. Antes de ir a dormir, se quitó el broche decorativo de su cabello y lo clavo en un hueco en la pared, para que no se perdiera. Al hacerlo, se clavó en el ojo de una serpiente, matándola. Por la mañana, cuando quitó el broche de la pared, la serpiente muerta salió del hueco, enganchada al broche.

TALMUD DE BABILONIA

Es una obra literaria de proporciones monumentales que abarca las tradiciones legales, espirituales, intelectuales, éticas e históricas del judaísmo. Los 37 tratados del Talmud contienen las enseñanzas de los sabios judíos del período comprendido entre la destrucción del 2ndo Templo y el siglo V de nuestra era. Ha sido el vehículo primario de transmisión de la ley oral y de la educación de los judíos a través de los siglos; es la puerta de entrada para todo el pensamiento judío legal, ético, y teológico.

Rabí Akiva le preguntó a su hija: "¿Qué hiciste para merecer esto?" Ella le respondió: "Por la tarde, un vagabundo golpeó la puerta, pero todos estaban tan preocupados con el banquete que nadie lo escuchó. Yo me puse de pie, tomé mi porción de comida, y se la di."

Rabí Akiva le dijo: "Cumpliste una mitzvá y fuiste salvada en mérito de ella." Rabí Akiva salió a enseñar: "La Tzedaká te salvará de la muerte" (PROVERBIOS 10:2).

TEXTO 5B

El poder del mérito

Rashi, Shabat 156a

דְעַל יְדֵי תְּפִלָּה וּזְכוּת מִשְׁתַּנֶּה מַזָּלוֹ לְטוֹבָה.

Por medio del rezo y del mérito, es posible cambiar el destino astrológico de cada uno.

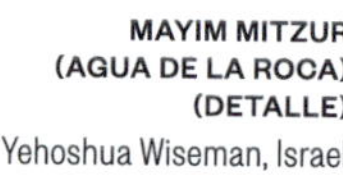

MAYIM MITZUR (AGUA DE LA ROCA) (DETALLE)
Yehoshua Wiseman, Israel

TEXTO 6

La debilidad de la astrología

Midrash, *Shemot Rabá* 1:24

צוֹפִין וְאֵינָן יוֹדְעִין מָה צוֹפִין, הוֹגִין וְאֵינָן יוֹדְעִין מָה הוֹגִין.

רָאוּ שֶׁמוֹשִׁיעָן שֶׁל יִשְׂרָאֵל בַּמַּיִם הוּא
נִדּוֹן, עָמְדוּ וְגָזְרוּ "כָּל הַבֵּן הַיִּלּוֹד".

כֵּיוָן שֶׁהֻשְׁלַךְ מֹשֶׁה לַמַּיִם, אָמְרוּ:
כְּבָר מֻשְׁלָךְ מוֹשִׁיעָן בַּמַּיִם. מִיָּד בִּטְלוּ הַגְּזֵרָה.

וְהֵם אֵינָם יוֹדְעִים שֶׁעַל מֵי מְרִיבָה הוּא לוֹקֶה.

Los astrólogos pían y no comprenden qué están piando; balbucean y no comprenden qué están balbuceando.

Los astrólogos del Faraón vieron en las estrellas que el salvador del pueblo judío sería condenado por las aguas, entonces decretaron que todos los bebés varones fueran arrojados al Nilo.

Luego de que Moshé había sido colocado en el río [por su madre, sano y salvo dentro de un canasto], los astrólogos dijeron que el salvador judío ya había sido arrojado al agua, y el Faraón revocó el decreto.

Lo que los astrólogos no sabían es que las aguas que condenarían a Moisés serían las aguas de Merivá.

SHEMOT RABÁ

Es uno de los primeros comentarios rabínicos sobre el libro del Éxodo. El término 'Midrash' es utilizado para designar un género particular de la literatura rabínica, en donde se comentan libros específicos de la biblia. El Shemot Rabá, escrito principalmente en hebreo, provee exégesis textuales, se explaya sobre la narración bíblica y desarrolla e ilustra los principios morales. Fue publicado por primera vez en el año 1512 en Constantinopla, junto con otras cuatro obras del Midrash acerca de los otros libros del Pentateuco.

EJERCICIO 2.1

Reconciliando la astrología con la teología judía

PRINCIPIO JUDÍO	PROBLEMA QUE PLANTEA LA ASTROLOGÍA	RESOLUCIÓN
LIBRE ALBEDRÍO		
RECOMPENSA Y CASTIGO		
PROFECÍA		

TEXTO 7

¡Mazal Tov!

Rabí Iehuda Hajasid, *Sefer jasidim* 487

אִשָּׁה שֶׁיּוֹשֶׁבֶת עַל הַמַּשְׁבֵּר, אִם הִיא בַּחֶדֶר וּבְנֵי אָדָם בַּבַּיִת, יְבַקְשׁוּ עָלֶיהָ רַחֲמִים וְעַל הַיֶּלֶד שֶׁיִּוָּלֵד בְּמַזָּל טוֹב.

Cuando una mujer está dando a luz, las personas presentes en ese momento deberían rezar por misericordia para la madre, y que el niño nazca bajo un signo astrológico positivo.

RAB. IEHUDA BEN SHMUEL HAJASID
1140–1217

Místico y moralista. Nació en Espira, Alemania, y fue rabino, místico, y uno de los iniciadores de Jasidei Ashkenaz, un movimiento moralista judeo-alemán que hacía hincapié en la piedad y el ascetismo. Rab. Iehuda se asentó en Ratisbona en el año 1195. Es conocido principalmente por su obra Sefer Jasidim, acerca de la ética de las preocupaciones cotidianas.

V. LA ALTERNATIVA MAIMONIDEANA

Si bien hemos visto un fuerte apoyo talmúdico para la validez de una versión moderada de la astrología, esta postura no es unánime entre los filósofos judíos clásicos.

TEXTO 8

Negación de la astrología

Maimónides, *Igrot Harambam* (Edición Shilat), Carta a los sabios de Montpellier, pág. 488

כָּל דִּבְרֵי הַחוֹזִין בַּכּוֹכָבִים, שֶׁקֶר הֵן אֵצֶל כָּל בַּעֲלֵי מַדָּע.

וַאֲנִי יוֹדֵעַ שֶׁאֶפְשָׁר שֶׁתְּחַפְּשׂוּ וְתִמְצְאוּ דִּבְרֵי יְחִידִים מִן הַחֲכָמִים בַּתַּלְמוּד וּבַמִּשְׁנָה וּבַמִּדְרָשׁוֹת, שֶׁדִּבְרֵיהֶם מַרְאִים שֶׁבְּעֵת תּוֹלָדוֹת שֶׁל אָדָם יִגְרְמוּ לוֹ הַכּוֹכָבִים כָּךְ וְכָךְ.

אַל יִקְשֶׁה זֶה בְּעֵינֵיכֶם, שֶׁאֵין הַדֶּרֶךְ שֶׁיָּנִיחַ אָדָם הֲלָכָה לְמַעֲשֶׂה וִיהַדֵּר אַפִּירְכֵי וְאַשִׁינוּיֵי. וְכֵן אֵין רָאוּי לָאָדָם לְהַנִּיחַ דְּבָרִים שֶׁל דַּעַת, וְשֶׁכְּבָר נִתְאַמְּתוּ בִּרְאָיוֹת, וְיִנְעַר כַּפָּיו מֵהֶן וְיִתְלֶה בְּדִבְרֵי יָחִיד מִן הַחֲכָמִים. שֶׁאֶפְשָׁר שֶׁנִּתְעַלֵּם מִמֶּנּוּ דָּבָר, אוֹ שֶׁיֵּשׁ בְּאוֹתָם הַדְּבָרִים רֶמֶז, אוֹ אֲמָרָם לְפִי שָׁעָה וּמַעֲשֶׂה שֶׁהָיָה.

Todos los filósofos consideran que lo que todos los astrólogos dicen es falso.

Sé que pueden buscar dentro de las enseñanzas de nuestros verdaderos sabios del Talmud, la Mishná y Midrashim, y encontrarán enseñanzas que parecen afirmar que las configuraciones astrológicas en el momento del nacimiento de una persona determinan ciertos asuntos.

Que no les afecte esto. Uno no se aleja de la ley en favor de discusiones preliminares. Similarmente, uno no debería rechazar conclusiones lógicas que ya han sido probadas conclusivamente, ni aferrarse a las enseñanzas de un sabio individual. Es posible que no estén entendiendo bien algo: puede haber un significado oculto en esta enseñanza, o puede haberse dicho en respuesta a una necesidad específica o suceso contemporáneo.

TEXTO 9

Una prohibición sobre la astrología

Maimónides, *Mishné Torá*, Leyes sobre idolatría 11:8–9

אֵיזֶהוּ מְעוֹנֵן? אֵלּוּ נוֹתְנֵי עִתִּים, שֶׁאוֹמְרִים בְּאִצְטַגְנִינוּת: יוֹם פְּלוֹנִי טוֹב יוֹם פְּלוֹנִי רַע, יוֹם פְּלוֹנִי רָאוּי לַעֲשׂוֹת בּוֹ מְלָאכָה פְּלוֹנִית, שָׁנָה פְּלוֹנִית אוֹ חֹדֶשׁ פְּלוֹנִי רַע לְדָבָר פְּלוֹנִי.

¿Cuál es la definición de adivinación del futuro prohibida por la Torá? Se refiere a una persona que intenta predecir momentos auspiciosos por medio de la astrología, diciendo: "Tal día será un buen día" o "Tal día será un mal día" o "Es adecuado realizar una tarea particular en cierto día" o "Este año" o "Este mes no será oportuno para un asunto en particular."

VI. IMPLICANCIA PRÁCTICA

Habiendo estudiado las distintas opiniones de las fuentes tradicionales judías acerca de la validez de la astrología, ahora pasaremos a explorar la implicancia práctica y las enseñanzas de creencia y desconfianza en la astrología.

Portada decorada en un hermoso manuscrito del *Mishné Torá* de Maimónides, copiado en el año 1295. El manuscrito pasó por varias censuras, y hay varias partes borradas a lo largo del texto. (Academia de Ciencias Húngara, Budapest)

Obras judías que tratan sobre astrología

La importancia de la astrología en la creencia judía ha sido debatida a lo largo de la historia judía. Las opiniones van desde una aceptación entusiasta de la astrología como ciencia ordenada divinamente, hasta un completo rechazo por ser una forma de idolatría prohibida. A continuación, las historias de un número de obras académicas judías dedicadas específicamente al campo de la astrología

Jakemoni

Rabí Shabetai Donolo (913–c. 982)

Abajo: Una página de *Jakemoni* de la guenizá de El Cairo, actualmente en la Biblioteca de la Academia de Ciencias Húngaras.

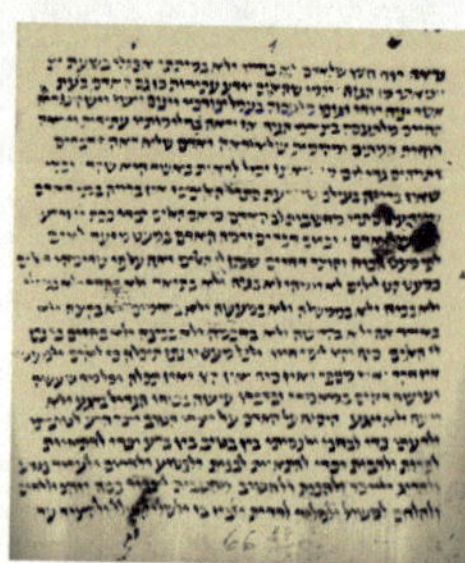

Rabí Shabetai Donolo era un polímata del s.X que vivía en Italia. Además de su erudición en judaísmo, Rabí Donolo se desempeñaba como doctor, y escribió el *Sefer Hamirkajot,* una importante obra de medicina en hebreo. También escribió *Jakemoni*, un comentario con influencias astrológicas sobre la críptica obra mística *Sefer Ietzirá*.

En su introducción al *Jakemoni*, Rabí Donolo relata la historia de sus estudios astrológicos. Él escribe que algunos rabinos locales le habían dicho que la astrología era incompatible con las fuentes judías, pero luego de investigar a fondo el asunto, llegó a la conclusión de que sí eran compatibles. Estudió con un astrólogo babilónico llamado Bagdas, y registró su conocimiento en su obra.

Rabí Donolo escribe que, cuando Di-s creó el mundo, armó un sistema astrológico que predice las acciones de todas las personas. Sin embargo, Di-s dio a los humanos la capacidad de anular sus destinos astrológicos al elegir servir a Di-s y cumplir Sus *mitzvot*. Por lo tanto, el sistema astrológico es generalmente definitivo, pero la gente tiene la capacidad de cambiarlo por medio de sus acciones.

Rabí Avraham ibn Ezra

1092–1167

Abajo: Un manuscrito del s.XVI, que contiene cuatro obras astrológicas de Rabí Avraham ibn Ezra, como así también más material astrológico de otros autores. La página que se ve aquí es la primera de *Reshit Jojmá*, la obra introductoria de Rabí ibn Ezra a los campos de la astronomía y la astrología.

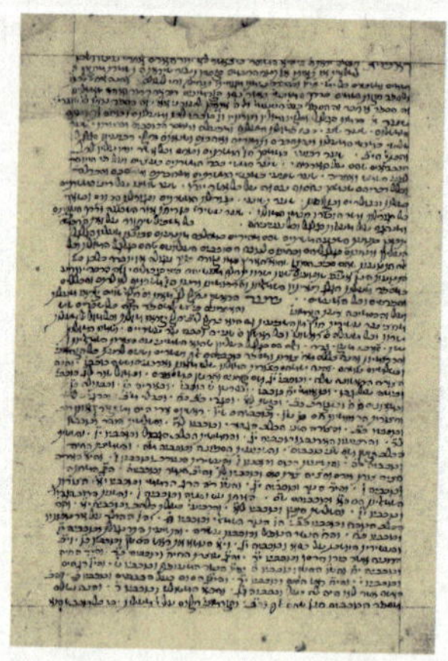

Nacido en Toledo, España, Rabí Avraham ibn Ezra fue un comentarista bíblico y un polímata. A lo largo de su vida, Rabí Avraham viajó mucho y pasó tiempo en el Norte de África, Francia, Inglaterra e Italia. Es conocido por su comentario bíblico, que se enfoca en el significado simple de los versículos. Sin embargo, también escribió muchas obras sobre gramática hebrea, poesía, filosofía, matemática, astronomía y astrología. El cráter Abenezra de la luna lleva su nombre, reconociendo sus contribuciones al campo de la astronomía.

Mientras vivía en Francia, en el verano de 1148, Rabí Avraham escribió siete obras cortas sobre astronomía. Populares durante la Edad Media en formato manuscrito, la mayoría de estas obras fueron impresas por primera vez en la década de 1970. Su comentario de la Torá también contiene explicaciones astrológicas de los acontecimientos. Rabí Avraham creía que la astrología es predictiva, pero que aquellos que cumplen la Torá y logran una cercanía a Di-s, se alejan de la autoridad de las estrellas y se colocan bajo el dominio directo de Di-s.

Igueret Rabí Avraham bar Jia

Rabí Avraham bar Jia, c. 1065–c. 1136

Abajo: Un manuscrito de siglo XIV-XV de *Igueret Rabí Avraham bar Jia*, actualmente en la Biblioteca Montefiore, Londres, Inglaterra.

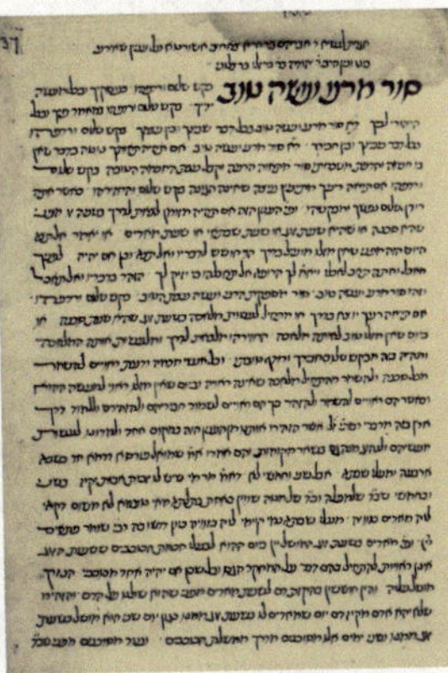

Rabí Avraham bar Jia Hanasí era un polímata judío que vivió en Barcelona, España, en los siglos XI-XII. Escribió los primeros libros de matemáticas y astronomía en hebreo, como así también obras de filosofía y escatología. Rabí Avraham jugó un papel importante en la historia de la ciencia en España. Sus traducciones al hebreo de numerosas obras científicas y filosóficas árabes fueron luego traducidas al latin, trayendo conocimientos árabes a los judíos y cristianos de España.

La carta conocida como *Igueret Rabí Avraham bar Jia* nos da un vistazo hacia un fascinante debate sobre astrología que se daba dentro de la comunidad judía de Barcelona.

Rabí Avraham relata que un alumno suyo debía casarse un viernes. Basándose en cálculos astrológicos, le aconsejó a su alumno llevar a cabo la boda durante la tercera hora del día. El viernes por la mañana falleció un miembro de la comunidad judía, que no tenía familiares. Por ley judía, los líderes comunitarios se ocuparon del entierro. Cuando regresaron, ya era la sexta hora del día, y Rabí Avraham les advirtió que se trataba de un horario astrológico desfavorable. En cambio, sugirió esperar a la séptima hora. Sin embargo, otro rabino protestó fuertemente, sosteniendo que basarse en calculaciones astrológicas era una violación de la advertencia talmúdica de no consultar con astrólogos. Este rabino prevaleció, y la boda se realizó en la sexta hora del día.

Luego de ser criticado fuertemente por muchos rabinos en Barcelona, Rabí Avraham bar Jia escribió la Igueret *Rabí Avraham bar Jia*, dirigida al Rabí Iehuda Barceloni, la autoridad líder de la ciudad, para defender su postura. Rabí Avraham explicó su punto de vista: la astrología era una ciencia real y no podía ser ignorada - bajo la advertencia de que podemos cambiar nuestros destinos como resultado de nuestras acciones positivas. Él sostenía que la ley judía solo prohíbe consultar con astrólogos, pero de poseerse conocimientos independientes de circunstancias astrológicas, es menester seguirlas.

Igueret El Jajmei Montpellier

Maimónides, 1138–1204

Abajo: Un manuscrito del s.XIV de la *Igueret El Jajmei Montpellier*, guardada en la Biblioteca del Vaticano.

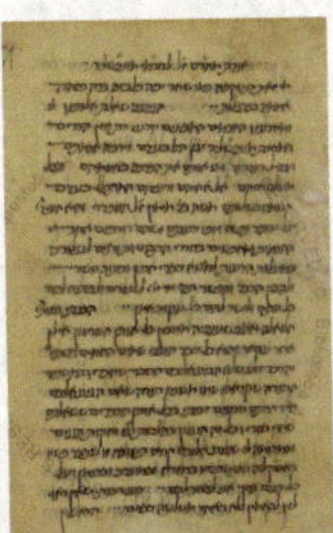

Rabí Moshé ben Maimón, conocido como Maimónides, era un filósofo y autoridad halájica excelsa. Nacido en Córdoba, España, huyó de los almohades durante la conquista de su pueblo. Eventualmente se asentó en El Cairo, Egipto. Allí, Maimónides se convirtió en el líder de la comunidad judía y se desempeñó como médico de la corte del Sultán.

Maimónides era experto en astronomía e incluyó capítulos sobre este tema en su arreglo enciclopédico de ley judía, el *Mishé Torá*. Sin embargo, en múltiples lugares expresó su oposición absoluta a la astrología, rechazando que las estrellas tuvieran poderes predictivos, con fundamentos tanto filosóficos como halájicos.

En 1195, Maimónides recibió una carta de un grupo de rabinos de Montpellier, Provenza, quienes le pidieron que explicara en detalle su postura con respecto a la astrología. Les respondió con una carta conocida como *Igueret El Jajmei Montpellier*, "Una carta para los sabios de Montpellier."

En dicha carta, Maimónides les informa que en su juventud había "ahondado profundamente en esta cuestión...la creencia que la gente puede conocer los acontecimientos futuros del mundo o de un país, y todos los sucesos que ocurrirán durante la vida de las personas individuales." Sus estudios lo llevaron a la conclusión de que la astrología es una tontería absoluta. Aconsejó a los rabinos de Montpellier lo siguiente: "No crean que las alucinaciones inventadas por los astrólogos son verdaderas, de aquellos astrólogos que afirman que la naturaleza astrológicamente determinada de la gente los lleva a tener un buen o mal carácter, y que la gente está obligada a actuar de cierta manera."

TEXTO 10

Ser íntegros con Di-s

Najmánides, Deuteronomio 18:13

וְטַעַם תָּמִים תִּהְיֶה עִם ה' אֱלֹקֶיךָ, שֶׁנְּיַחֵד לְבָבֵנוּ אֵלָיו לְבַדּוֹ, וְנַאֲמִין שֶׁהוּא לְבַדּוֹ עוֹשֶׂה כֹּל . . .

וְלֹא נִדְרֹשׁ מֵהוֹבְרֵי שָׁמַיִם וְלֹא מִזּוּלָתָם, וְלֹא נִבְטַח שֶׁיָּבוֹאוּ דִּבְרֵיהֶם עַל כָּל פָּנִים. אֲבָל אִם נִשְׁמַע דָּבָר מֵהֶם נֹאמַר: הַכֹּל בִּידֵי שָׁמַיִם, כִּי הוּא אֱלֹקֵי הָאֱלֹקִים, עֶלְיוֹן עַל הַכֹּל, הַיָּכוֹל בַּכֹּל, מְשַׁנֶּה מַעַרְכוֹת הַכּוֹכָבִים וְהַמַּזָּלוֹת כִּרְצוֹנוֹ, מֵפֵר אֹתוֹת בַּדִּים וְקֹסְמִים יְהוֹלֵל.

וְנַאֲמִין שֶׁכָּל הַבָּאוֹת תִּהְיֶינָה כְּפִי הִתְקָרֵב הָאָדָם לַעֲבוֹדָתוֹ.

El significado del versículo “Debes ser íntegro con Di-s (DEUTERONOMIO 18:13) es que debemos dedicar nuestros corazones por completo a Di-s, y confiar que Él es el único que controla todo...

Debemos evitar consultar con astrólogos u otros adivinadores del futuro, y no debemos confiar en que se cumplirán sus predicciones. Si escuchamos alguna predicción de ellos, deberíamos afirmar que todo está en manos de Di-s, porque Él es omnipotente y puede cambiar las constelaciones de los cielos según Su voluntad, negando todas las predicciones de los astrólogos.

Debemos creer que todas las ocurrencias futuras están determinadas por nuestro servicio a Di-s.

RABÍ MOSHÉ BEN NAJMAN (NAJMÁNIDES, RAMBÁN) 1194–1270

Erudito, filósofo, autor y médico. Najmánides nació en España y fue líder de la judería ibérica. En el año 1263 fue convocado por el Rey Jaime de Aragón para debatir públicamente con Pablo Cristiani, un apóstata judío. A pesar de que Najmánides fue el ganador evidente del debate, se vio obligado a huir de España por la persecución posterior. Se mudó a Israel y ayudó a restablecer la vida comunitaria en Jerusalén. Escribió un comentario clásico acerca del Pentateuco, y un comentario acerca del Talmud.

TEXTO 11

No preguntes

Rabí Iosef Caro, Shulján Aruj, *Ioré Deá* 179:1

אֵין שׁוֹאֲלִין בַּחוֹזִים בַּכּוֹכָבִים.

No consultamos a los astrólogos.

שלחן ערוך

לפני זקנים עם נערים

בכרך קטן למען ישאוהו בחיקם

להגות בו בכל עת ובכל

מקום כאשר יחנו או יסעו

ויניציא

Portada de un *Shulján Aruj* de bolsillo (Venecia, Italia: Allesandro Gardano, 1578) (Colección de la Familia Gross, Tel Aviv)

SHULJÁN ARUJ
1565

Código de ley judía. El Shulján Aruj - que significa "mesa servida" - es un código completo, publicado en 1565, de leyes prácticas judías, escrito por Rabí Iosef Caro, un refugiado de España que en ese entonces vivía en Tzfat, Israel. La obra de Rabí Caro representaba la tradición halájica y costumbres de la judería española, por lo que posteriormente el Rabí Moshé Isserlis de Cracovia, Polonia, escribió el *Mapá* - que significa "mantel" - para adecuarlo a la tradición ashkenazí. El Shulján Aruj unificado ha sido aceptado por comunidades alrededor del mundo judío como la obra más autoritaria de ley judía.

TEXTO 12

Transformación astrológica

Rabí Iehuda ben Asher, *Zijron Iehuda*, Responsa 91

אִם נִבְטַח בַּה' בְּכָל מַעֲשֵׂינוּ,
הוּא יְשַׁנֶּה לָנוּ הַתּוֹלֶדֶת מֵרַע לְטוֹב.

Si creemos firmemente en Di-s en todo lo que hacemos, Él transformará nuestro destino astrológico para bien.

רביעי ג׳ | במלואה | רביעי א׳ | מכוסה

לוח של שנת
חמשת אלפים
תרנ״א
לבריאת עולם
שנת כ״ג למחזור גדול ר״ב לחמה
ח׳ למחזור קטן רצ״ח ללבנה
כ׳ בשמיטה
הקביעות בח״ה מעוברת
ימיה 383 ושבתותיה 54
למנין העמים 1890 עד יום ה׳
כ״א טבת ומשם ואילך 1891

נעשה ע״י משה פאן אמעריגגען
ויודא ליב במהו׳ גבריאל פאלק

שנת ואני תמיד עמך לפ״ק.

טלה · שור · תאומים · סרטן · אריה · בתולה
מאזנים · עקרב · קשת · גדי · דלי · דגים

Te AMSTERDAM bij J. L. JOACHIMSTHAL.
Snelpersdruk VAN ES & JOACHIMSTHAL.

Los símbolos del zodíaco utilizados como marco para la portada de un calendario (Amsterdam: Iojanan ben Eliezer Joachimsthal, 1890). (Colección de la Familia Gross, Tel Aviv)

RABÍ IEHUDA BEN ASHER
1270–1349

Autoridad halájica. Rabí Iehuda nació en Alemania, donde su padre, Rabí Asher, era una prominente autoridad halájica. Durante su juventud se vio obligado a huir de la persecución antisemita y se asentó en Toledo, España, donde su padre se convirtió en Rabino. Rabí Iehuda sucedió a su padre como el Rabino de Toledo, y la autonomía judicial otorgada a los judíos le dio un gran poder. Conocido como Rabí Iehuda ben Harosh, el acrónimo del nombre de su padre, sus responsas fueron publicadas bajo el título de *Zijron Iehuda*.

TEXTO 13

Enfócate en la acción

El Rebe, Rabí Menajem Mendel Schneerson,
La carta y el espíritu, vol. 4 (Brooklyn, Nueva York: Nissan Mindel Publications, 2017), pág. 42

Recibí debidamente tu carta, en la que preguntas acerca de la actitud judía con respecto a los horóscopos, etc.

Generalmente, la astrología y similar no juegan un papel en la vida judía, como también está escrito en las Santas Escrituras "de los signos en el cielo no temerás" (JEREMÍAS 10:2). Por el contrario, tenemos el precepto "Debes ser íntegro con Di-s tu Di-s" (DEUTERONOMIO 18:13), que también está citado en el Shulján Aruj (*IORÉ DEÁ* 179:1). Esto significa que el judío tiene que confiar completamente y de todo corazón en Di-s y en Su Providencia benevolente, que se extiende a todos y cada uno a nivel individual.

En cuanto a interesarse por los horóscopos, etc., puramente como curiosidad, como tú mencionas, esto equivale a un desperdicio de interés, que podría canalizarse de forma más productiva. Por ejemplo, en Jasidut se explica que Di-s no le dio al hombre un exceso de capacidades, ni una deficiencia de ellas. En otras palabras, todas las personas, y en especial los judíos, han sido [dados] cierta cantidad de capacidades y poderes de

RABÍ MENAJEM MENDEL SCHNEERSON 1902–1994

Fue el gran líder del siglo XX, conocido como 'el Lubavitcher Rebe' o, simplemente, 'el Rebe'. Nació en el sur de Ucrania, se escapó de la Europa ocupada por los Nazis y llegó a los Estados Unidos en junio del año 1941. El Rebe inspiró y guió la revitalización del judaísmo tradicional luego de la destrucción en Europa, causando un impacto en virtualmente toda comunidad judía del mundo. El Rebe a menudo hacía hincapié en que realizar tan sólo otra buena acción podría acelerar la llegada del Mashiaj. Los eruditos discursos y escritos del Rebe han sido impresos en más de 200 volúmenes.

concentración, etc., y todas deben ser utilizadas para cumplir su propósito aquí en la tierra, más específicamente, para vivir de acuerdo con la Torá y las *mitzvot,* y diseminar justicia y rectitud, etc.

Por consiguiente, si una persona divierte cualquiera de sus capacidades, pensamientos y concentración en algo inútil, incluso si es inofensivo, igualmente es perjudicial en el sentido de que estaría creando una deficiencia en el área que es importante y necesaria para él.

TEXTO 14

Nuevo determinismo

Rabí Lord Jonathan Sacks, *Pacto y conversación*, "Libre albedrío: úsalo o piérdelo," rabbisacks.org

El libre albedrío es una de las creencias fundamentales del judaísmo. Maimónides explica el porqué: si no tuviéramos libertad de elección, los preceptos y las prohibiciones no tendrían sentido, puesto que nos comportaríamos según lo que está destinado, sin importar lo que dice la ley. Tampoco habría justicia en la recompensa y el castigo, porque ni los rectos ni los malvados serían libres de ser distintos.

Entonces, el problema es uno antiguo. Sin embargo, se ha comenzado a destacar en los tiempos modernos, debido a la acumulación de

RAB. JONATHAN SACKS, PHD 1948–2020

Fue Gran Rabino del Reino Unido. Sacks estudió en la Universidad de Cambridge y recibió su doctorado en la King's College, Londres. Es un autor prolífico e influyente, sus libros incluyen *¿Tendremos nietos judíos?* y *La dignidad de la diferencia.* En 1995 recibió el Premio Jerusalén por sus contribuciones a la mejora de la vida judía en la Diáspora, en el año 2005 fue nombrado caballero, y en el 2009 se convirtió en el Barón Sacks de Aldridge.

desafíos a la creencia en la libertad humana. Marx dijo que la historia está formada por el juego de fuerzas económicas. Freud sostenía que somos lo que somos debido a nuestros impulsos inconscientes. Los neodarwinistas dicen que no importa cómo racionalicemos nuestra conducta, hacemos lo que hacemos porque los que se comportaron de esa manera sobrevivieron para pasar sus genes a la generación futura. Más recientemente, los científicos han demostrado, por medio de resonancias magnéticas, que en algunos casos nuestro cerebro registra una decisión hasta siete segundos antes de ser conscientes de ello.

TRES MAZALOT
Yehoshua Wiseman, Israel

TEXTO 15

De nosotros se trata

Rabí Iosef Itzjak Schneersohn, *Sefer Hasijot* 5703, pág. 12

זְקֵנֵי הַחֲסִידִים הָאבְּן דֶערְצֵיילְט, אַז הוד כְּבוד קְדֻשַּׁת רַבֵּנוּ הַזָּקֵן אִיז גֶעקוּמֶען פוּן מֶעזְרִיטְשׁ הָאט עֶר גֶעזָאגְט אַ תּוֹרָה: דַע מָה לְמַעְלָה מִמְּךָ, מִמְּךָ וּבְךָ הַכֹּל תָּלוּי.

עַתִּיק דְאֲצִילוּת וַוארְט אוֹיְף אַ אִידְן'ס דִבּוּר שֶׁל תּוֹרָה, מַלְאֲכֵי מַעֲלָה וַוארְטֶען אוֹיְף בָּרְכוּ, קְדֻשָּׁה, אוּן אָמֵן פוּן אַ אִידֶען. דִי עֶרְד וָואס מֶען טְרֶעט אוֹיְף אִיר וַוארְט פוּן שֵׁשֶׁת יְמֵי בְּרֵאשִׁית בִּיז עֶס וֶועט דָארְטֶען טְרֶעטֶען אַ אִיד אוּן זָאגֶען אַ קַאפִּיטֶעל תְּהִלִים, אָדֶער צְוֵויי אִידֶען וֶועלֶען רֵיידֶען צוּזַאמֶען אַ דָבָר שֶׁל תּוֹרָה.

Los maestros jasídicos relataron que cuando Rabí Shneur Zalman de Liadí regresó de sus estudios con Rabí Dov Ber, el Maguid de Mezeritch, se explayó sobre el pasaje: “Conoce aquello que está por encima tuyo” Mishná, Avot 2:1). Lo interpretó de forma tal que quiere decir: “Sabe que aquello que está por encima, depende de ti.”

Los mundos espirituales esperan escuchar a un judío discutiendo asuntos de Torá. Los ángeles del Cielo están esperando escucharnos responder ***Barjú***, ***Kedushá***, y Amén. La tierra que pisamos está esperando desde la Creación para que alguien la pise y recite un capítulo de los Salmos, o discuta una cuestión de Torá con un colega.

RABÍ IOSEF ITZJAK SCHNEERSOHN (RAIATZ, EL FRIERDIKER REBE, EL REBE ANTERIOR) 1880–1950

Rebe jasídico, autor prolífico, y activista judío. Rab. Iosef Itzjak, el 6to líder del movimiento Jabad, promovió activamente la práctica judía religiosa en la Rusia Soviética, y fue arrestado por ejercer dicha actividad. Luego de haber sido liberado de la prisión y del exilio, se asentó en Varsovia, Polonia, y posteriormente, debido a la ocupación nazi, huyó a Nueva York en el año 1940. Se asentó en Brooklyn, y allí trabajó para revitalizar la vida judía americana. Su yerno, Rab. Menajem Mendel Schneerson, lo sucedió como líder del movimiento Jabad.

PUNTOS CLAVE

1 Hay muchas fuentes judías que avalan la validez de la astrología. También hay quienes la rechazan por completo.

2 Cualquier aceptación de la astrología debe venir con ciertas restricciones para ser compatible con las creencias judías fundamentales: (a) la astrología no puede determinar nuestro comportamiento moral, únicamente nuestras inclinaciones naturales; (b) cualquier destino predicho puede ser anulado por Di-s, quien responde ante nuestros rezos y buenas acciones; y (c) la astrología es falible.

3 Incluso aquellas autoridades judías que otorgan algo de validez a la astrología, nos advierten que no recurramos a ella para obtener información. Debemos colocar nuestra fe completamente en Di-s, Quien está en control y da forma a nuestros destinos basándose en nuestras acciones.

4 En lugar de considerarnos a nosotros mismos pequeños peones en un sistema cósmico elaborado, *Jasidut* nos enseña que estamos en el centro del universo, y que nuestras acciones afectan su rumbo.

APÉNDICE

TEXTO 16A

Estrategia militar astrológica

Talmud de Jerusalén, Rosh Hashaná 3:8

עֲמָלֵק . . . הָיָה מַעֲמִיד בְּנֵי אָדָם בְּיוֹם גְנוּסְיָא שֶׁלּוֹ,
לוֹמַר לֹא בִמְהֵרָה אָדָם נוֹפֵל בְּיוֹם גְנוּסְיָא שֶׁלּוֹ.

Amalek. . . solía poner al frente a aquellas personas que estaban celebrando sus cumpleaños. Solían decir "una persona no cae fácilmente durante su cumpleaños."

TALMUD DE JERUSALÉN

Es un comentario acerca de la Mishná, compilado durante los siglos IV y V. El Talmud de Jerusalén es 100 años anterior a su contraparte, el de Babilonia, y está escrito tanto en hebreo como en arameo. Si bien el Talmud de Babilonia sigue siendo la fuente con mayor autoridad sobre la ley judía, el Talmud de Jerusalén continúa siendo una fuente invaluable para las tradiciones espirituales, intelectuales, éticas, históricas y legales del judaísmo.

TEXTO 16B

Mazal de cumpleaños

Rabí Moshé Margolies, *Penei Moshé*, ad loc.

לֹא בִמְהֵרָה אָדָם נִזוֹק בְּיוֹם מוֹלַדְתּוֹ,
שֶׁאָז הַמַּזָּל הַשּׁוֹלֵט בַּיּוֹם הַהוּא עוֹזֵר לוֹ.

La gente no cae fácilmente durante su cumpleaños debido a que el *mazal* dominante ese día les brinda asistencia.

RABÍ MOSHE MARGOLIES 1710–1780

Rabino y comentarista talmúdico. Rabí Moshe Margolies nació en Keidan, Lituania, y se desempeñó como rabino de varios pueblos lituanos. Dedicó su vida a escribir un monumental comentario al Talmud de Jerusalén, Penei Moshé, que ayudó a difundir el Talmud de Jerusalén a un rango más amplio de estudiantes.

FIGURA 2.4

Algunas costumbres de cumpleaños

Basado en el Rebe, Rabí Menajem Mendel Schneerson, *Sefer Hasijot* 5748:2, págs. 406–407

Durante el día, designa un momento privado para la introspección y pensar en el año que pasó: qué salió bien, qué no salió tan bien, y qué puede ser mejorado.

Eleva tu vida con una nueva mitzvá.

Da más caridad.

Aumenta en rezos.

Tómate un tiempo extra para estudiar más Torá.

Estudia una enseñanza jasídica y compártela con amigos.

Cada año de tu vida tiene un capítulo correspondiente en el Libro de los Salmos: tu edad +1 (es decir, si cumples 30, tu salmo es el número 31). Recita tu salmo hoy y continúa recitándolo todos los días durante el año que comienza.

Reúnete con amigos y agradécele públicamente a Di-s por el regalo de la vida. Éste es un momento oportuno para animar a los demás a crecer espiritualmente.

Come una nueva fruta de estación el día de tu cumpleaños, para poder decir la bendición especial de Sheejeianu, agradeciéndole a Di-s por haberte otorgado la vida.

Para los hombres: organiza recibir una *aliá* el Shabat previo a tu cumpleaños. Si la Torá se lee el día de tu cumpleaños, organiza recibir una *aliá* también ese día.

3

CLASE

LAS MALDICIONES Y EL MAL DE OJOS

¿Acaso el contarle a alguien sobre mi buena suerte puede arruinarla? ¿Pueden los celos afectar mi éxito? Puede sonar supersticioso, pero en el pensamiento judío hay un motivo lógico para preocuparse por "el mal de ojos", y hay una forma práctica de alejarlo.

JAMSA AMARILLA DE DOS PALOMAS CON ETZ JAIM
Chaia Heller, pluma y tinta de color, Massachusets, 2010

I. INTRODUCCIÓN

Di-s maldijo a la serpiente. El rey David fue maldecido apasionadamente por un enemigo. Los montescos y capuletos llegaron a una rivalidad interminable cuando fueron maldecidos con "una plaga sobre ambas casas". Harry Potter introdujo a toda una generación a un mundo ficticio colmado de maldiciones.

La idea de una maldición, de palabras enojadas sembrando el caos sobre una víctima, es tan fascinante como lo es antigua.

Pero ¿qué tiene para decirnos al respecto la tradición judía? ¿Acaso las maldiciones tienen un poder en sí mismas? ¿Deberían las víctimas de las maldiciones preocuparse? De ser así, ¿hay algo que pueden hacer para protegerse del mal?

Una forma de maldición no verbal es conocida como el "mal de ojos". Mucha gente cree que una mirada envidiosa puede ocasionar un daño. ¿Acaso eso es cierto? De ser así, ¿cómo podemos protegernos?

En este estudio exploraremos el poder de las maldiciones, tanto verbales como visuales.

TEXTO 1

La maldición del macho cabrío

"¿Cuál es la historia de la 'maldición del macho cabrío'?" fox8.com, 24 de octubre de 2016

Cuenta la leyenda que el dueño de una taberna de Chicago, llamado Bill "macho cabrío" Sianis, maldijo al club el 6 de octubre de 1945 - tan solo un mes luego del final de la Segunda Guerra Mundial.

Sianis fue a Wrigley a hinchar por sus amados Cubs contra los Tigres de Detroit en la Serie Mundial, según el sitio web de la taberna, que le dedica una página entera a la maldición del macho cabrío.

Para el cuarto partido, compró una entrada para él y uno para su mascota Murphy, una cabra, pensando que le traería suerte a los Cubs.

Sin embargo, los acomodadores no le permitieron a Sianis entrar con Murphy. Sianis acudió directamente al entonces dueño del club, P. K. Wrigley, preguntándole por qué no podía llevar a su mascota al partido.

"Porque la cabra apesta," le respondió Wrigley, según la taberna.

Entonces, Sianis levantó sus brazos y maldijo al equipo.

"¡Los Cubs no ganarán más!" declaró.

Cuando los Cubs perdieron el campeonato a los Tigers, Sianis le envió un telegrama a Wrigley.

"¿Quién apesta ahora? decía.

FIGURA 3.1

Creencia en los efectos negativos de las maldiciones y el mal de ojos

Centro de Investigación Pew, "Los europeos orientales y occidentales discrepan en la importancia de la religión, la consideración de las minorías, y otras cuestiones sociales clave" octubre de 2018; y "Muchos americanos mezclan fes múltiples," diciembre de 2009

PORCENTAJE DE GENTE QUE CREE EN EL MAL DE OJOS, O QUE CREE QUE CIERTAS PERSONAS PUEDEN MALDECIR O LANZAR HECHIZOS QUE PROVOCAN DAÑOS A LOS DEMÁS

EE.UU.	REINO UNIDO.	FRANCIA	RUSIA
16%	13%	20%	56%

EJERCICIO 3.1

¿Alguna vez te preocupó una maldición o el mal de ojos? De ser así, ¿qué hiciste al respecto?

II. DOS VISIONES DEL OJO

Comenzaremos nuestro estudio explorando la pregunta de la efectividad y potencia de las maldiciones y el mal de ojos, según lo discuten las fuentes judías. Surgirán dos perspectivas judías muy distintas.

TEXTO 2

Maldiciendo a los sordos

Levítico 19:14

לֹא תְקַלֵּל חֵרֵשׁ.

No maldecirás al sordo.

Panel de letra inicial del libro de Levítico en el *Pentateuco Alemán del Duque de Sussex*. Copiado en Alemania, a principios del siglo XIV, contiene una pista del nombre del escriba (Jaim) dentro del texto. El manuscrito está iluminado con varias miniaturas, paneles de letra inicial, y diseños micrográficos. (Biblioteca Británica, Londres).

TEXTO 3

El poder de la maldición

Sefer Hajinuj, Mitzvá 231

אַף עַל פִּי שֶׁאֵין בָּנוּ כֹּחַ לָדַעַת בְּאֵי זֶה עִנְיָן תָּנוּחַ הַקְּלָלָה בַּמְקֻלָּל וְאֵי זֶה כֹּחַ בַּדִּבּוּר לַהֲבִיאָהּ עָלָיו, יָדַעְנוּ דֶּרֶךְ כְּלָל מִכָּל בְּנֵי הָעוֹלָם שֶׁחוֹשְׁשִׁין לִקְלָלוֹת, בֵּין יִשְׂרָאֵל בֵּין שְׁאָר הָאֻמּוֹת, וְיֹאמְרוּ שֶׁקִּלְלַת בְּנֵי אָדָם, גַּם קִלְלַת הֶדְיוֹט, תַּעֲשֶׂה רֹשֶׁם בַּמְקֻלָּל וְתַדְבִּיק בּוֹ הַמְּאֵרָה וְהַצַּעַר.

וְאַחַר דַּעְתֵּנוּ דָּבָר זֶה מִפִּי הַבְּרִיּוֹת, כִּי מִשָּׁרְשֵׁי הַמִּצְוָה, שֶׁמְּנָעָנוּ ה' מֵהַזִּיק בְּפִינוּ לְזוּלָתֵנוּ, כְּמוֹ שֶׁמְּנָעָנוּ מֵהַזִּיק לָהֶם בְּמַעֲשֶׂה.

No podemos comprender el mecanismo por el cual la maldición afecta a al sujeto, ni cómo las palabras poseen este poder. Pero sabemos que todas las personas, tanto judíos como no judíos, se toman en serio las maldiciones y creen que la maldición de incluso una persona ordinaria afecta al sujeto, trayendo mala suerte y angustia.

Sabiendo que es así, podemos sugerir que éste es un motivo para la transgresión: Di-s nos prohíbe ocasionarle un mal a los demás con nuestros labios, así como nos prohíbe dañarlos por medio de nuestras acciones.

SEFER HAJINUJ

Es una obra acerca de los preceptos bíblicos. En ella se analizan cuatro aspectos de toda *mitzvá*: su definición; las lecciones éticas que pueden deducirse de ella; las leyes básicas del cumplimiento de dicha *mitzvá*; y por último quién está obligado a cumplirla y cómo. La obra fue compilada en el s.XIII por un autor anónimo, que se refiere a sí mismo como 'El levita de Barcelona'. Durante mucho tiempo se la atribuyó al Rab. Aharón Halevi de Barcelona (Reá). Sin embargo, esta opinión ha sido impugnada.

TEXTO 4

Maldición del carácter

Maimónides, *Sefer Hamitzvot*, Precepto negativo 317

וְאוּלַי הָיָה עוֹלֶה בְּמַחְשַׁבְתֵּנוּ, כִּי תַּכְלִית מָה שֶׁנֶּאֱסַר לָנוּ קִלְלַת אִישׁ מִיִּשְׂרָאֵל כְּשֶׁיִּהְיֶה שׁוֹמֵעַ אוֹתָהּ, לְמָה שֶׁיַּשִּׂיגֵהוּ מִן הַצַּעַר וְהַכְּאֵב, אֲבָל קִלְלַת חֵרֵשׁ, אַחַר שֶׁלֹּא יִשְׁמַע וְשֶׁלֹּא יִכְאַב בּוֹ, שֶׁלֹּא יִהְיֶה חוֹטֵא בָּזֶה. הִנֵּה הוֹדִיעָנוּ שֶׁהוּא אָסוּר, וְהִזְהִיר מִמֶּנּוּ.

כִּי הַתּוֹרָה לֹא הִקְפִּידָה בְּעִנְיַן הַמְקֻלָּל לְבַד, אֲבָל הִקְפִּידָה בְּעִנְיַן הַמְקַלֵּל גַּם כֵּן, שֶׁהִזְהִירָה שֶׁלֹּא יָנִיעַ נַפְשׁוֹ אֶל הַנְּקָמָה וְלֹא יַרְגִּילָהּ לִכְעֹס.

Podríamos pensar que el motivo por el cual se nos prohíbe maldecir al prójimo es porque al oírlo le causaría dolor y angustia. Según esta lógica, maldecir al sordo no debería estar prohibido, puesto que nunca escucharían la maldición y ésta no los haría sentir mal. Sin embargo, la Torá nos desengaña de esta noción y nos advierte que también está prohibido maldecir a los sordos.

El motivo para esta prohibición es que la Torá no solo está preocupada por los sentimientos de las víctimas de la maldición, sino también por el carácter de aquel que maldice. Se nos advierte no incitarnos hacia la venganza ni acostumbrarnos a expresar el enojo.

RABÍ MOSHÉ BEN MAIMÓN (MAIMÓNIDES, RAMBAM)
1135-1204

Legislador, filósofo, autor, y médico. Maimónides nació en Córdoba, España. Luego de la conquista de Córdoba por parte de los almohades, huyó de España y eventualmente se estableció en El Cairo, Egipto. Allí se convirtió en el líder de la comunidad judía, y se desempeñó como médico de la corte del visir de Egipto. Es más conocido por ser el autor del *Mishné Torá*, un arreglo enciclopédico sobre ley judía; y por su labor en el campo de la filosofía, la *Guía de los Perplejos*. Sus decisiones sobre ley judía son indispensables para llegar a un consenso halájico.

TEXTO 5

Fuera de este mundo

Mishná, Avot 2:11

רַבִּי יְהוֹשֻׁעַ אוֹמֵר: עַיִן הָרָע, וְיֵצֶר הָרָע, וְשִׂנְאַת הַבְּרִיּוֹת, מוֹצִיאִין אֶת הָאָדָם מִן הָעוֹלָם.

Dijo Rabí Ieoshúa: "El mal de ojos, la inclinación al mal, y el odio al prójimo, sacan a una persona del mundo."

TEXTO 6

Dos visiones del ojo

Rabí Shimon ben Tzemaj Duran, *Maguen Avot* 2:11

רַבֵּנוּ מֹשֶׁה זַ"ל פֵּרֵשׁ . . . שֶׁהוּא הֲכִילִיּוּת, וְהוּא מוֹצִיא אֶת הָאָדָם מִן הָעוֹלָם, שֶׁמִּתּוֹךְ שֶׁהוּא חָרוּץ לֶאֱסֹף מָמוֹן, יַכְנִיס עַצְמוֹ לְסַכָּנוֹת.

וְזֶה הַפֵּרוּשׁ אֵינוֹ נִרְאֶה . . . וּמְפֻרְסָם הוּא בַּתַּלְמוּד שֶׁעַיִן הָרָע הוּא עַיִן הָרוֹאָה אֶת חֲבֵרוֹ אוֹ אֶת נְכָסָיו דֶּרֶךְ קִנְאָה וְשִׂנְאָה, וְהוּא מַזִּיק אוֹתוֹ וּנְכָסָיו.

Maimónides explica que "mal de ojos" significa... codicia. Ser codicioso puede sacar a la persona de este mundo porque la búsqueda obsesiva de la riqueza puede llevar a la gente a ponerse en circunstancias peligrosas.

PIRKEI AVOT *(TRATADO DE LOS PADRES)*

Es una obra de ética judía, de 6 capítulos, muy estudiada en las comunidades judías, en especial durante la época del verano. Los primeros 5 capítulos pertenecen a la Mishná, Tratado de los Padres. Este tratado difiere del resto de la Mishná en cuanto a que no se enfoca en temas legales; es una colección de sabiduría relacionada al desarrollo del carácter, la ética, la vida saludable, la piedad, y el estudio de la Torá.

RABÍ SHIMON BEN TZEMAJ DURAN C. 1361–1444

Médico, poeta, rabino y filósofo. Durán estudió filosofía, astronomía, matemática, y en especial medicina, la cual practicó durante unos cuantos años en Palma, España. Dejó España luego de las masacres de 1391 y se instaló en Alger, donde además de practicar la medicina, se convirtió en el Gran Rabino. Entre sus numerosas obras se encuentra *Maguen Avot*, un comentario filosófico sobre el Tratado de Avot.

Yo no estoy de acuerdo con esta explicación... La definición Talmúdica de "mal de ojos" es bien conocida: se refiere a mirar la propiedad del prójimo con celos u odio, lo que ocasiona un daño material a la persona y a su propiedad.

El Apéndice A presenta un texto talmúdico generalmente comprendido como invocando el efecto negativo del mal de ojos sobre los demás, y la lectura alternativa de Maimónides.

Frontispicio a la sección de *Pirkei Avot* de un libro de oraciones manuscrito, de Viena en el s. XVIII. El decorado manuscrito fue copiado e iluminado por Aryeh Yehudah Loeb ben Elchanan Katz, para una pareja de la ciudad de Worms que llevaba el nombre de Oppenheim. (JTSA, Nueva York)

Reflejos del mal de ojos

Los sabios del Talmud explican un número de episodios bíblicos basados en la creencia en los efectos negativos del mal de ojos. A continuación, resúmenes de algunas de estas explicaciones basadas en el mal de ojos, incorporadas en el comentario bíblico clásico de Rashi.

El aborto espontáneo de Hagar

Génesis 16

Acatando el llamado de Di-s, Avraham y Sará se mudaron a Canaán y vivieron allí durante diez años, sin poder tener hijos. Sará convenció a su criada, la egipcia Hagar, de ser la segunda esposa de Avraham, con la esperanza de que pudiera tener el mérito de tener hijos. Hagar pronto concibió y comenzó a desdeñar a Sará.

Sará reprendió a Hagar: "¡Que Di-s sea el juez entre tú y yo!" El Midrash explica que con estas palabras Sará lanzó un mal de ojos al embarazo de Hagar, ocasionándole un aborto espontáneo. Únicamente después, cuando Hagar huyó y un ángel le prometió que volvería a concebir, pudo llevar el embarazo de su hijo Ishmael hasta el final.

Rashi, Génesis 16:5

Los hermanos se meten en Egipto

Génesis 42

Los hijos de Iaakov eran poderosos y se veían muy bien. Entonces, el Midrash explica que cuando la hambruna los obligó a viajar a Egipto para comprar comida, Iaakov los instó a no despertar el mal de ojos. En particular, si entraban de a uno en lugar de en grupo, evitaban llamar la atención. Entonces, se separaron, y cada hermano entró junto con otro grupo de viajeros, cada uno por una entrada distinta.

Más tarde, el virrey egipcio, quien resultó ser su hermano Iosef, señaló su extraño comportamiento como evidencia potencial de que los hermanos habían ido a espiar.

Rashi, Génesis 42:5

La bendición de los peces

Génesis 48

Cuando tenía ciento cuarenta y siete años, Iaakov le dijo a su hijo, Iosef: "Mira, tu padre está enfermo." Entonces, Iosef llevó a sus dos hijos, Efraim y Menashe, a ver a su padre, y Iaakov los bendijo: "Que Di-s bendiga a los niños, y que sean llamados por mi nombre, y por el nombre de mis padres, Avraham e Itzjak, y que sean prolíferos como los peces, en medio de la tierra."

El Midrash explica que Iaakov invocó a los peces al bendecir a sus nietos con muchos descendientes porque los peces son inmunes al mal de ojos, a pesar de ser bendecidos con muchos hijos, debido a que están fuera de la vista en el océano.

Rashi, Génesis 48:16

Escondiéndose en el bosque

Ieoshúa 17

Luego de que las doce tribus se asentaran en sus respectivas porciones de la Tierra de Israel, los descendientes de Iosef, que consistían en las dos tribus de Efraim y Menashe, encontraron que sus amplias poblaciones estaban apretadas en un área que correspondía más bien a una sola tribu.

"¿Por qué nos diste sólo una parte, siendo nosotros tan numerosos?" le preguntaron a Ieoshúa. "Vayan al bosque" les dijo Ieoshúa, "pues ustedes son un gran pueblo." El Midrash explica que, además de indicarles utilizar las regiones inhabitadas de su porción, Ieoshúa los estaba aconsejando: "vayan a esconder su gran población entre los árboles del bosque, para no ser afectados por el mal de ojos."

Rashi, Ieoshúa 17:18

Armadura a medida

I Samuel 17

Luego de llevar pan y quesos a sus hermanos en el ejército del rey Shaul, David se ofreció para luchar contra Goliat de Gat, el enorme campeón filisteo que había provocado al ejército judío durante cuarenta días, bramando "Tráiganme un hombre con quien podamos luchar."

Al principio, el rey Shaul se encontraba escéptico. "Eres tan solo un niño" le dijo, "mientras que Goliat ha sido un guerrero toda su vida." Cuando David convenció a Shaul de que lo dejara luchar, éste le colocó su propia armadura real. El Midrash agrega que, para la gran sorpresa de todos, a David le quedaba la armadura como si estuviera hecha a medida. Sin embargo, David percibió que Shaul se había puesto celoso y le lanzó un mal de ojos, por lo que se quitó la armadura, diciendo: "No puedo ir con esto; no estoy acostumbrado a ella."

Entonces, David salió a pelear armado únicamente con su honda y bolso de pastor.

Rashi, I Samuel 17:38

La cuenta errónea de David

II Samuel 24

A medida que se acercaba el final de su reinado, el rey David le ordenó a Ioav, su general, llevar a cabo un recuento de todo el pueblo judío.

Ioav protestó, dada la existente prohibición de contar directamente al pueblo judío a fines de no despertar el mal de ojos. De hecho, Di-s le había ordenado explícitamente a Moshé contar al pueblo judío únicamente de forma indirecta - utilizando el medio shekel.

Muchos comentaristas comprenden que la razón para esta prohibición es que contar a la gente podría despertar el mal de ojos contra ellos, dando lugar a un brote de la plaga.

La palabra de David prevaleció y se siguió adelante con el recuento, pero luego de que terminaran de contar, David se dio cuenta de que había pecado. El Talmud comenta que el error de David en violar la prohibición de contar cabezas solo podía haberse debido a un castigo Divino, ya que "hasta los niños en edad escolar conocen la prohibición".

Un número de leyes y costumbres judías reflejan una preocupación por los efectos del mal de ojos.

Éxodo 30:12

Cuando censes a los israelitas para establecer su número, cada uno debera entregar una contribución a Di-s como rescate de su alma, para que no haya ninguna plaga mortal entre ellos a causa del censo.

Rashi, Éxodo 30:12

Las cosas que son contadas son susceptibles al mal de ojos, y esto puede ocasionar que sean golpeados por una plaga.

Shulján Aruj, *Oraj Jaim* 142:6

Está permitido llamar a dos hermanos, o a un padre y a un hijo, a subir a la Torá consecutivamente. Sin embargo, esto no se hace por el mal de ojos.

Talmud, Bava Batra 2b

La gente puede obligar al vecino de su jardín a participar en la construcción de una cerca entre ellos... Esto coincide con la enseñanza de que está prohibido pararse en el campo próspero de un amigo [no sea que se pongan celosos y miren con un mal ojo].

Rabí Efraim Zalman Margolis, *Shaarei Efraim* 10:32

Se acostumbra a que aquellas personas cuyos padres aún están vivos salgan de la sinagoga mientras se recita el rezo de Izkor durante las festividades.

Una posible razón para esto es que mientras la congregación recita Izkor, aquellos cuyos padres están vivos permanecen en silencio...y esto podría llegar a causar el mal de ojos.

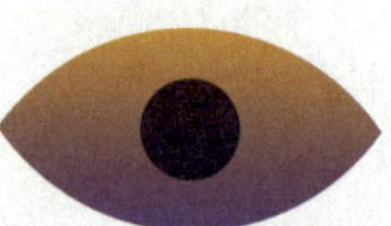

Sidur, Bendiciones matutinas

Sea Tu voluntad, Di-s nuestro y Di-s de nuestros padres, protegerme este día y cada día, de los hombres insolentes y del descaro; del hombre malvado, del mal compañero, del mal vecino, y de un suceso aciago; del mal de ojo...

TEXTO 7

Nada para ver aquí

Rabí Jaim Iosef David Azulai, *Tziporen Shamir* 172

הַמְסַפֵּר שֶׁבַח אָדָם בְּחָכְמָה אוֹ עֹשֶׁר אוֹ בָּנִים וְכַיּוֹצֵא, חַיָּב לְבָרְכוֹ שֶׁלֹּא יִשְׁלֹט בּוֹ עַיִן הָרָע.

Cuando la gente elogia la sabiduría, riqueza, familia, etc. de otros, deben bendecirlos que no sean afectados por el mal de ojos.

El Apéndice B presenta una actitud contemporánea común hacia el mal de ojos.

RABÍ JAIM IOSEF DAVID AZULAI (JIDA) 1724-1806

Talmudista y destacado bibliófilo. Nació en Jerusalén en el seno de una prominente familia rabínica. Estudió bajo la tutela de Rabí Jaim ibn Atar. Fue un autor prolífico sobre temas judíos varios, es conocido particularmente por su *Shem Haguedolim*, que consiste en una crónica de biografías cortas de autores judíos con resúmenes de sus obras. Viajó mucho por Europa, para juntar fondos en nombre de la comunidad judía en la Tierra de Israel. Falleció en Italia.

FREITAG ABEND (BENDICIONES DE VIERNES POR LA NOCHE)
Moritz Daniel Oppenheim (1799 -1882), óleo sobre lienzo, 1867

III. LA MECÁNICA DE LAS MALDICIONES Y EL MAL DE OJOS

Hemos visto que el enfoque judío de la corriente principal - si bien no es unánime - considera que las maldiciones y el mal de ojos son fuentes potenciales de daño real. En esta sección exploraremos distintas explicaciones del mecanismo por medio del cual operan estas fuerzas.

EJERCICIO 3.2

A medida que lean el Texto 8, consideren las siguientes tres preguntas. Luego de leerlo, escriban sus respuestas a las preguntas.

1. ¿Cuál es la pregunta filosófica subyacente que molesta al *Or Hajaim*?

2. ¿Cómo responde el *Or Hajaim* a esta pregunta?

3. ¿Cuál es la explicación simplista para el efecto de las maldiciones/mal de ojos que el *Or Hajaim* rechaza implícitamente?

TEXTO 8

Teoría del desencadenante

Rabí Jaim ibn Atar, *Or Hajaim*, Números 23:8

אָכֵן עִקַּר הַדָּבָר הוּא לְפִי שֶׁמִּדָּתוֹ יִתְבָּרַךְ לְהַאֲרִיךְ אַפּוֹ לְעוֹבְרֵי רְצוֹנוֹ, בֵּין לַצַּדִּיק כְּשֶׁיֶּחֱטָא, בֵּין לָרָשָׁע הֲגַם שֶׁיִּרְצֶה לַחְטֹא. וּמִדָּה זוֹ . . . נוֹהֶגֶת תָּמִיד, זוּלַת בְּעֵת אֲשֶׁר יִזְעֹם ה׳ . . . אָז מִתְגַּבְּרִים הַדִּינִים עַל הַנִּתְבָּע בַּמִּשְׁפָּט בְּאוֹתוֹ זְמַן, וְלֹא תִתְנַהֵג מִדָּה זוֹ שֶׁל אֶרֶךְ אַפַּיִם.

וּכְמוֹ כֵן כְּשֶׁיְּקַלֵּל אָדָם אֶת חֲבֵרוֹ, תְּסוֹבֵב הַקְּלָלָה שֶׁעֲוֹנֹתָיו אֲשֶׁר ה׳ מַאֲרִיךְ לוֹ אַפּוֹ עֲלֵיהֶם יְמַהֵר לִפָּרַע מִמֶּנּוּ, אֲבָל אִם אֵין לוֹ עָוֹן, לֹא תוֹעִיל קִלְלַת הַמְקַלֵּל כְּלוּם.

La explicación para el efecto de la maldición es la siguiente: Di-s tiene mucha paciencia para todos los transgresores, tanto para los justos que ocasionalmente transgreden, como para los malvados que transgreden intencionalmente... Esto funciona en todo momento - excepto cuando Di-s se indigna...Cuando se despierta la indignación de Di-s, Él es riguroso en su juicio y no extiende Su paciencia característica.

Cuando la gente maldice a su prójimo, esto causa que se destaquen las transgresiones de los maldecidos, y Di-s no mantiene Su paciencia para ellos. Sin embargo, si los sujetos de la maldición no poseen transgresiones que las vuelvan dignas de un castigo, la maldición ciertamente será completamente inefectiva.

RAB. JAM IBN ATAR
(OR HAJAIM)
1696–1743

Exégeta bíblico, cabalista y talmudista. Rab. Atar nació en Meknes, Marruecos, y fue un miembro prominente del Rabinato marrocano. Posteriormente emigró a la Tierra de Israel. Es mayormente conocido por su obra *Or Hajaim*, un popular comentario sobre la Torá. Entre sus discípulos destacados se encuentra el famoso historiador judío y bibliófilo, Rab. Jaim Iosef David Azulai.

TEXTO 9

La zona oculta

Zóhar, vol. 1, pág. 64b

קֻדְשָׁא בְּרִיךְ הוּא סָתִים וְגַלְיָא. גַּלְיָא הוּא בֵּי דִינָא דִלְתַתָּא, סָתִים הוּא אֲתַר דְכָל בִּרְכָאָן נַפְקֵי מִתַּמָן.

וּבְגִין כָּךְ, כָּל מִלּוֹי דְבַר נַשׁ דְאִינּוּן בִּסְתִימוּ, בִּרְכָאָן שַׁרְיָין עָלוֹי, וְכָל דְאִינּוּן בְּאִתְגַלְיָא, הַהוּא אֲתַר דְבֵי דִינָא שַׁרְיָאן עָלוֹי, בְּגִין דְאִיהוּ אֲתַר בְּאִתְגַלֵי. וְהַהוּא דְאַקְרֵי רַע עַיִן שַׁלִיט עֲלֵיהּ.

Di-s opera en dos niveles: oculto y revelado. El nivel revelado es de justicia mundana, mientras que el oculto es la fuente del cual surgen todas las bendiciones.

En consecuencia, toda la conducta oculta de una persona se encuentra saturada de bendiciones, y toda la conducta pública de la persona está sujeta a una justicia estricta. En este nivel, todo se encuentra sujeto al mal de ojos.

ZÓHAR

Es la obra más influyente de la kabalá, el misticismo judío. El *Zóhar* es un comentario místico sobre la Torá, y fue escrito tanto en arameo como en hebreo. Según el Arizal, el *Zóhar* contiene las enseñanzas de Rabí Shimon Bar Iojai, quien vivió en Israel durante el siglo II. El *Zóhar* se ha convertido en uno de los textos indispensables del judaísmo tradicional, junto con y casi a la altura de la Mishná y del Talmud.

FLUJO ESPIRITUAL (DETALLE)
Fabian Lijtmaer, Acrílico y medios mezclados, sobre lienzo, Nueva York, 2018

IV. PROTECCIÓN

Muchos judíos tradicionalmente utilizan varios tipos de amuletos y talismanes para alejar los efectos del mal de ojos y las maldiciones. Sin embargo, una comprensión más profunda de su mecanismo de funcionamiento nos guía para dar pasos más significativos que nos protejan de sus efectos negativos.

Tarjeta que contiene el rezo de *Shir Lamaalot*, utilizado en muchas comunidades judías para asegurar un parto fácil y la protección de la madre y el recién nacido. Esta versión, que se utiliza ampliamente hoy en día, fue producida por Tzeirei Agudas Jabad en Kfar Jabad, Israel, ilustrado por Raphael Abecassis.

Métodos de protección contra el mal de ojos

En los círculos judíos existen una serie de métodos populares de protección contra el mal de ojos. Algunos de ellos se basan en fuentes judías, mientras que otros son costumbres folclóricas cuestionables.

Hamsa

El símbolo de palma, la *hamsa*, es un amuleto contra el mal de ojos popular en el Norte de África y el Medio Oriente, incluyendo en las comunidades judías provenientes de aquellas zonas. La palabra *hamsa* significa "cinco," refiriéndose a los cinco dedos del símbolo, y se dice que la palabra en sí misma sirve para alejar el mal de ojos.

Un número de autoridades judías asocian el número cinco con la protección contra el mal de ojos, lo que llevó a autoridades posteriores a usar esto como apoyo a la popular práctica de decir *hamsa* y de utilizar el símbolo.

Hilo rojo

Atarse un hilo rojo en la muñeca es un amuleto popular contemporáneo que muchos consideran judío o "cabalista". No encontramos ninguna mención de hilos rojos en las fuentes judías tradicionales, y muchas autoridades judías hasta las consideran prohibidas debido a su similitud con una antigua práctica pagana.

Rabí Jaim Iosef David Azulai, *Petaj Einaim*, Berajot 20a

Un método usual de protección contra el mal de ojos es la forma de la letra *hei* [que posee valor numérico cinco] de plata... También se acostumbra decir la palabra *hamsa* [cinco] cinco veces, como protección contra el mal de ojos.

Rabí Iosef Jaim de Bagdad, *Ben Ish Jai, Halajot, Shaná Sheniá*, Pinjas 13

El gran erudito Rabí Jaim Iosef David Azulai mencionó la popular costumbre de decir *hamsa* [cinco] como protección contra el mal de ojos. Similarmente, la gente cuelga trozos de madera con la forma de una mano con cinco dedos dibujados, y la letra *hei* grabada en ella.

Rabí Jaim Iosef David Weiss, *Vaiaan David 3, Ioré Deá* 54

No encontré ninguna fuente judía que afirme que un hilo rojo sea efectivo contra el mal de ojos.

***Tosefta*, Shabat cap. 7:1**

Las siguientes prácticas están prohibidas al ser conductas paganas: ... llevar un hilo rojo atado en el dedo.

Amuletos

Desde los tiempos talmúdicos, muchos judíos han utilizado amuletos que contienen los nombres de Di-s, ángeles y versículos de la Torá como protección contra varios tipos de mala suerte.

Un amuleto particularmente popular contra el mal de ojos contiene el Salmo 121, conocido como *Shir Lamaalot.*

El Rebe de Lubavitch fomentó firmemente esta costumbre de colgar un cartel con el *Shir Lamaalot* cerca de los recién nacidos y sus madres. Sin embargo, el Rebe dio un motivo distinto para esta práctica.

El Rebe, Rabí Menajem Mendel Schneerson, *Sefer Hasijot* 5747:1, pág. 146

Hay una conocida costumbre judía antigua—las costumbres judías son parte de la Torá—de colgar carteles con nombres Divinos, versículos de la Torá, *Shir Lamaalot* y demás, como protección para la madre y su bebé recién nacido. Esto se hace tanto para durante el parto, para que todo salga bien, como también para el período que comienza inmediatamente después del nacimiento. Otro propósito importante de esta costumbre es que el recién nacido se vea rodeado de asuntos sagrados tan pronto como llega al mundo. Es sabido que las cosas que los bebés recién nacidos ven y escuchan tienen un efecto de largo plazo en ellos, y esto es reflejado en recientes descubrimientos en el campo de la psicología. Por lo tanto, cuando un niño se encuentra rodeado por asuntos sagrados, esto aumenta las bendiciones para el éxito en criarlo "para el estudio de la Torá, el matrimonio y las buenas acciones" (Talmud, Shabat 137b).

Raziel Hamalaj
(Benei Brak: Auto-publicado, 1999), pág. 190

El capítulo de Salmos *Shir Lamaalot* . . . es un método de protección comprobado para las madres y sus bebés recién nacidos, contra el mal de ojos y la brujería...

Toda persona debería recitar el *Shir Lamaalot* antes de irse a dormir.

Escupir

Muchas culturas acostumbran a escupir o vocalizar el sonido de un escupitajo, para alejar el mal de ojos. Esta práctica también es popular entre los judíos.

Rabí Iaakov Moshe Kleinbaum, *Iashresh Iaakov, Shemo Shlomo,* Kedoshim 5

Escupir sirve como protección contra el mal de ojos... El acto de escupir tiene la intención de ocultar la conducta digna de elogios de una persona, presentando una fachada de negatividad al degradarse a uno mismo, para que el mal de ojos no tenga de qué agarrarse.

TEXTO 10

Bendiciones de mitzvá

El Rebe, Rabí Menajem Mendel Schneerson,
Heijal Menajem, vol. 2, pág. 91

בְּאִם הַמְּזוּזוֹת כְּשֵׁרוֹת, וְהָעִקָּר הַנְהָגָה יוֹמִית,
אִי אֶפְשָׁר **כְּלָל** שֶׁיִּשְׁלֹט בָּהּ עַיִן הָרָע.

וְהַחְלָטָה **תַּקִּיפָה** בְּהַנְהָגָה יוֹמִית שֶׁתְּהֵא מַתְאִימָה לְהוֹרָאוֹת תּוֹרָתֵנוּ תּוֹרַת חַיִּים וְקִיּוּם מִצְוֹתֶיהָ, עֲלֵיהֶם נֶאֱמַר: "וָחַי בָּהֶם", שֶׁנּוֹסָף עַל הָעִקָּר שֶׁכֵּן הוּא צִוּוּי הַקָּדוֹשׁ בָּרוּךְ הוּא, הֲרֵי זֶה גַּם הַדֶּרֶךְ לְקַבָּלַת הַבְּרָכָה לְהַמִּצְטָרֵךְ לְהָאָדָם.

Si tus *mezuzot* son kasher y, lo más importante, tu conducta diaria va de acuerdo con la ley de la Torá, es absolutamente imposible que el mal de ojos te afecte.

En el nivel más básico, resolver firmemente alinear tu conducta diaria con la guía de nuestra Torá viviente, y cumplir las *mitzvot,* sobre las cuales se nos dice "vivirán con ellas", es el mandamiento de Di-s. Adicionalmente, este es el camino para recibir las bendiciones de Di-s en todo lo que necesitas.

RABÍ MENAJEM MENDEL SCHNEERSON
1902–1994

Fue el gran líder del siglo XX, conocido como 'el Lubavitcher Rebe' o, simplemente, 'el Rebe'. Nació en el sur de Ucrania, se escapó de la Europa ocupada por los Nazis y llegó a los Estados Unidos en junio del año 1941. El Rebe inspiró y guió la revitalización del judaísmo tradicional luego de la destrucción en Europa, causando un impacto en virtualmente toda comunidad judía del mundo. El Rebe a menudo hacía hincapié en que realizar tan sólo otra buena acción podría acelerar la llegada del Mashiaj. Los eruditos discursos y escritos del Rebe han sido impresos en más de 200 volúmenes

TEXTO 11

La maldición fallida de Bilaam

Números 24:2–5

וַיִּשָּׂא בִלְעָם אֶת עֵינָיו וַיַּרְא אֶת יִשְׂרָאֵל שֹׁכֵן לִשְׁבָטָיו,
וַתְּהִי עָלָיו רוּחַ אֱלֹקִים. וַיִּשָּׂא מְשָׁלוֹ וַיֹּאמַר . . .
מַה טֹּבוּ אֹהָלֶיךָ יַעֲקֹב, מִשְׁכְּנֹתֶיךָ יִשְׂרָאֵל.

Cuando Bilaam levantó sus ojos y vio a Israel morando según sus tribus, el espíritu de Di-s se posó sobre él y proclamó su mensaje: ... "¡Cuán buenas son tus tiendas, oh Iaakov, tus moradas, oh Israel!"

BILAAM BENDICIENDO A LOS ISRAELITAS
Gerard Hoet, ilustración de *Figuras de la Biblia* (La Haya, Países Bajos: P. de Hondt, 1728).

TEXTO 12

Inmunidad calificada

Rabí Shlomo Efraim Luntshitz, *Keli Iakar*, Números 24:4

וְאָמַר: "מַה טֹּבוּ אֹהָלֶיךָ יַעֲקֹב", רָאָה שֶׁאֵין פִּתְחֵיהֶן מְכֻוָּנִין זֶה כְּנֶגֶד זֶה, שֶׁלֹּא יִסְתַּכֵּל שׁוּם אֶחָד בְּאֹהֶל חֲבֵרוֹ וְלֹא יַזִּיקוֹ בְּעַיִן הָרָע. אָמַר: "אֵיךְ אֶפְשָׁר שֶׁיְּקַבְּלוּ נֶזֶק מִן עַיִן הָרָע, כִּי הוּא דָבָר שֶׁהֵם עַצְמָם נִזְהָרִים מִזֶּה" . . .

כִּי לֹא שָׁלְטָא עֵינָא בִּישָׁא בְּיוֹשְׁבֵי אֹהָלִים, שֶׁאֵינָן נִרְאִין בְּרֹאשׁ כָּל חוּצוֹת.

Bilaam proclamó, "Cuán buenas son tus tiendas, oh Iaakov" porque vio que las entradas de las tiendas no estaban alineadas una frente a la otra, para que nadie pudiera ver la tienda de su prójimo y dañarlos con el mal de ojos. Bilaam se dijo a sí mismo: "No puedo maldecirlos con un mal de ojos, porque ellos mismos son muy cuidadosos con esto." . . .

El mal de ojos no puede afectar a las personas que llevan vidas privadas en sus tiendas y no son ostentosas públicamente.

RABÍ SHLOMO EFRAIM BEN AHARÓN DE LUNTSHITZ 1550–1619

Luego de estudiar en la Ieshivá del Maharshal, Rabí Shlomo Efraim se ganó una reputación como distinguido predicador y erudito. Viajó por todos lados dictando sus fogosos sermones, que fueron recopilados y publicados. Hoy en día es conocido principalmente por su obra *Keli Iakar*, y por su comentario sobre el Pentateuco, que posteriormente fue impreso en muchas ediciones de la Biblia.

TEXTO 13

Bendiciones ocultas

Talmud, Bava Metzia 42a

אֵין הַבְּרָכָה מְצוּיָה אֶלָּא בְּדָבָר הַסָּמוּי מִן הָעַיִן.

La bendición solo se encuentra en aquello oculto para el ojo.

TALMUD DE BABILONIA

Es una obra literaria de proporciones monumentales que abarca las tradiciones legales, espirituales, intelectuales, éticas e históricas del judaísmo. Los 37 tratados del Talmud contienen las enseñanzas de los sabios judíos del período comprendido entre la destrucción del 2ndo Templo y el siglo V de nuestra era. Ha sido el vehículo primario de transmisión de la ley oral y de la educación de los judíos a través de los siglos; es la puerta de entrada para todo el pensamiento judío legal, ético, y teológico.

EJERCICIO 3.3

¿Cómo puedo incorporar el valor judío de la privacidad en mi vida?

MA TOVU OHALEJA IAAKOV (CUÁN BUENAS SON TUS TIENDAS, OH IAAKOV)
Yaeli Vogel, acuarela sobre papel arches, Nueva York

V. USANDO NUESTROS PODERES DE FORMA POSITIVA

Hasta ahora hemos explorado los efectos potencialmente negativos de las maldiciones y el mal de ojos. Ahora pasaremos a discutir los efectos positivos de bendecir a los demás y mirarlos con un buen ojo, que son aún más potentes.

TEXTO 14

El poder de las bendiciones simples

Talmud, Meguilá 15a

וְאָמַר רַבִּי אֶלְעָזָר אָמַר רַבִּי חֲנִינָא: לְעוֹלָם אַל תְּהִי בִּרְכַּת הֶדְיוֹט קַלָּה בְּעֵינֶיךָ, שֶׁהֲרֵי שְׁנֵי גְדוֹלֵי הַדּוֹר בֵּרְכוּם שְׁנֵי הֶדְיוֹטוֹת וְנִתְקַיְּמָה בָּהֶן, וְאֵלּוּ הֵן: דָּוִד וְדָנִיֵּאל.

דָּוִד דְּבָרְכֵהּ אֲרַוְנָה, דִּכְתִיב: "וַיֹּאמֶר אֲרַוְנָה אֶל הַמֶּלֶךְ וְגוֹ'" (שְׁמוּאֵל ב כד, כג).

דָּנִיאֵל דְּבָרְכֵיהּ דָּרְיָוֶשׁ, דִּכְתִיב: "אֱלָהָךְ דִּי אַנְתְּ פָּלַח לֵהּ בִּתְדִירָא הוּא יְשֵׁיזְבִנָּךְ" (דָּנִיאֵל ו, יז).

Rabí Elazar dijo, en nombre de Rabí Janina: No consideres jamás que la bendición de una persona ordinaria no es importante. Conocemos dos personas, líderes en sus respectivas generaciones, que recibieron bendiciones de personas ordinarias, y las bendiciones fueron cumplidas: David y Daniel.

David fue bendecido por Arauná, como está escrito: "Y Arauná le dijo al rey: 'Que el Eterno tu Dios te sea propicio'" (II SAMUEL 24:23).

Daniel fue bendecido por Darío, como está escrito: "Tu Di-s, a Quien sirves continuamente, ha de salvarte." (DANIEL 6:17).

TEXTO 15

El buen ojo

Rabí Elazar Azkari, *Sefer Jaredim* 66:90

בִּרְאֹתוֹ חֲבֵרוֹ בְּטוּב עַיִן, הוּא יְבָרֵךְ וְיַשְׁפִּיעַ טוֹב לַחֲבֵרוֹ, וְגַם יְבֹרָךְ . . . דִכְתִיב: "טוֹב עַיִן הוּא יְבֹרָךְ" (מִשְׁלֵי כב, ט), וּקְרִי "יְבָרֵךְ".

Cuando miras a tu prójimo con un buen ojo, lo bendices; y también recibes bendiciones... El versículo afirma: El que tiene ojo generoso será bendecido" (PROVERBIOS 22:9) y, [usiando una vocalización alternativa] esto también puede leerse como "bendecirá".

RAB. ELAZAR BEN MOSHE AZIKRI 1533–1600

Fue un cabalista, poeta y autor nacido en Tzfat en el seno de una familia sefaradí que se había establecido en Tierra Santa luego de la expulsión de España. Rab. Elazar estudió Torá con el Rab. Iosef Sagis y Rab. Iaakov Berab, y se lo incluye en el grupo de grandes rabinos e intelectuales de su tiempo. Rab. Elazar escribió el *Sefer Jaredim*, una obra que se enfoca en la ética, moral, y desarrollo de la personalidad. Fue impreso luego de su muerte, en el año 1600. Compuso Iedid Nefesh, una oda que muchas comunidades acostumbran cantar antes del Kabalat Shabat y/o durante la tercera comida de Shabat.

DANIEL EN LA GUARIDA DEL LEÓN
Horace Varnea, óleo sobre lienzo, 1857

El poder de las bendiciones

Una recopilación de textos que tratan sobre la importancia de dar y recibir bendiciones.

Midrash, *Tanjuma*, Vaieji 5

"Porque aquellos que lo bendicen [al pobre] heredarán la tierra, y aquellos que lo maldicen serán desheredados" (Salmos 37:22). De aquí Rabí Meir dedujo que bendecir a un judío es como bendecir a Di-s mismo. El versículo debería haber dicho: "aquellos que *los* bendicen", en plural. Al usar "lo" bendicen en singular, el versículo se refiere a Di-s mismo, comparando el bendecir a una persona con bendecir a Di-s.

Rabí Eliezer Papo, *Pele Ioetz, "Berajá"*

"No vaciles en hacer el bien a quien lo merece cuando está en el poder de tus manos hacerlo. (Proverbios 3:27). Este versículo nos enseña que siempre deberíamos intentar bendecir a nuestros pares - quizás es un momento oportuno, y la bendición se concretará. Aquel que recibe una bendición debería responder con otra bendición, diciendo: "Tú también" ...

Si tu bendición se cumple, has hecho un acto de bondad con tu prójimo. Si tu bendición no se cumple, igual le has dado placer a tu Creador. Pues Di-s aprecia las bendiciones que le damos a nuestro prójimo y las considera una mitzvá.

***Zóhar*, Vol. 3, pág. 117b**

La gente que alaba a su prójimo - sea por su apariencia, riqueza o hijos - debería bendecirlo repetidamente. Deducimos esto de Moshé, quien alabó al pueblo judío: "Ustedes hoy son como las estrellas del cielo en abundancia," y luego pasó a bendecirlo dos veces: primero "Que Di-s los haga mil veces más numerosos que lo que son" y luego "que Él los bendiga tal como les prometió" (Deuteronomio 1:10–11).

La gente que alaba a su prójimo y no lo bendice resulta dañada, y la gente que bendice a su prójimo recibe bendiciones para sí mismo desde Arriba.

Las bendiciones deben ser dadas con un espíritu de generosidad, sin sentimientos celosos. Di-s quiere que las alabanzas y las bendiciones sean dichas con amor verdadero y no en pos de las apariencias.

QUIÉN

Rabí Eliezer Papo,
Pele Ioetz, "Berajá"

Debemos siempre buscar las bendiciones, y debemos especialmente buscar conseguir bendiciones de sabios en Torá y gente justa, porque sus bendiciones son particularmente efectivas... También se recomienda buscar las bendiciones de los pobres, porque "Di-s escucha a los pobres" (Salmos 69:34). ...

Ciertamente debes esforzarte lo máximo que puedas para recibir bendiciones de tu padre y tu madre. Incluso si no vives cerca de ellos, deberían intentar visitarlos en todo Shabat y festividad, para besar sus manos y recibir sus bendiciones. Las bendiciones de los padres son particularmente efectivas, porque ellos bendicen con todo su corazón y su alma.

EFICACIA

***Sefer Hajinuj* 231**

El alma humana que nos da la capacidad única del habla es de origen Divino, como afirma el versículo: "Y Di-s insufló el alma de vida en las fosas nasales del hombre" (Génesis 2:7)—que *Unkelos* traduce como "el espíritu articulado". Como resultado, Di-s le dio al espíritu articulado un gran poder, y éste puede afectar incluso entidades externas.

Sabemos y observamos que la eficacia del habla de una persona está relacionada con el estatus espiritual y piedad del que habla. Esto es bien sabido para toda la gente culta e intelectual.

Rabí Shalom Dovber Schneersohn,
***Sefer Hamaamarim* 5654, págs. 312–313**

Una bendición no representa la creación de un potencial nuevo que no existía previamente. En cambio, una bendición toma una posibilidad oculta dentro de su fuente y la revela de forma abierta....

La palabra *berajá* captura este significado, pues está relacionada con *brijá*, "una pileta". Una pileta concentra agua de la lluvia o de un arroyo en un espacio cerrado. No crea nada nuevo, el agua ya existía en su fuente. En su origen, el agua se encontraba en un estado nebuloso, 'oculto'. Se trataba de un pequeño puñado de gotas sueltas o un pequeño chorrito. Una pileta recopila toda el agua y la transforma en una masa visible de agua. Las bendiciones logran lo mismo. Toman algo que existía únicamente como potencialidad oculta Arriba, canalizándolo hacia un estado real y tangible.

El Rebe, Rabí Menachem Mendel Schneerson,
***Torat Menajem* 5743:1, pág. 375**

Cuando la gente se bendice entre sí, deseándose éxito material y espiritual, esto expresa su amor mutuo. Demuestra la unidad judía y aumenta el flujo de las bendiciones de Di-s. En el rezo de la Amidá, decimos "Bendícenos, Padre nuestro, todo nosotros como uno, con la luz de Tu semblante." Cuando estamos juntos, "todos nosotros como uno", somos considerados dignos de recibir las bendiciones de Di-s.

TEXTO 16

Más grande que los ángeles

Rabí Iosef Itzjak Schneersohn, *Likutei Diburim*, vol. 3, pág. 1128

דֶער בַּעַל שֵׁם טוֹב הָאט גֶעזָאגְט, אַז אַ בְּרָכָה פוּן
גוּטֶע פְרַיינְד אִיז חָשׁוּב אִין הִימֶעל אָנְגֶענוּמֶען
צוּ וֶוערֶען מֶעהר וִוי דִי הַמְלָצָה טוֹבָה אוּן
הִתְעוֹרְרוּת רַחֲמֵי שָׁמַיִם פוּן מַלְאָךְ מִיכָאֵל.

El Baal Shem Tov nos enseñó que una bendición dada por un amigo cercano es más influyente en el Cielo y más probable de lograr su efecto deseado, que las intercesiones y apelaciones de misericordia del ángel Mijael.

Postal de Rosh Hashaná que representa una pareja bendiciendo a sus hijos, artista y publicador desconocido. (Biblioteca Nacional de Israel, Jerusalén)

RABÍ IOSEF ITZJAK SCHNEERSOHN (RAIATZ, EL FRIERDIKER REBE, EL REBE ANTERIOR) 1880–1950

Rebe jasídico, autor prolífico, y activista judío. Rab. Iosef Itzjak, el 6to líder del movimiento Jabad, promovió activamente la práctica judía religiosa en la Rusia Soviética, y fue arrestado por ejercer dicha actividad. Luego de haber sido liberado de la prisión y del exilio, se asentó en Varsovia, Polonia, y posteriormente, debido a la ocupación nazi, huyó a Nueva York en el año 1940. Se asentó en Brooklyn, y allí trabajó para revitalizar la vida judía americana. Su yerno, Rab. Menajem Mendel Schneerson, lo sucedió como líder del movimiento Jabad.

PUNTOS CLAVE

1 Si bien hay un gran acuerdo entre las fuentes judías de que el mal de ojos y las maldiciones pueden ocasionar daños, esta postura no es unánime.

2 La teoría más prominente para explicar los efectos del mal de ojos y las maldiciones es que llaman la atención hacia nosotros y desencadenan una revisión adicional de si somos merecedores de nuestras bendiciones. El juicio de Di-s es justo en todo momento y ninguna maldición ni mal de ojos puede quitarnos lo que merecemos.

3 La forma más efectiva de protegernos contra el mal de ojos y las maldiciones es llevando vidas más privadas. Cuando somos modestos y no ostentamos de nuestras bendiciones evitamos estar en la mira, y evitamos que se revise si somos merecedores, desarrollando una relación personal e íntima con Di-s en lugar de correcta y formal.

4 Nuestras palabras y miradas tienen poder. Cuando miramos a los demás de forma positiva y los bendecimos, esto provoca un efecto positivo real sobre ellos y sobre nosotros mismos.

APÉNDICE A

TEXTO 17

Ojos dañinos

Talmud, Bava Batra 2b

וְכֵן בְּגִינָה . . . אָסוּר לְאָדָם לַעֲמוֹד בִּשְׂדֵה
חֲבֵירוֹ בְּשָׁעָה שֶׁהִיא עוֹמֶדֶת בְּקָמוֹתֶיהָ.

La gente puede obligar a su vecino a participar en la construcción de una cerca entre ellos... Esto se encuentra de acuerdo con la enseñanza de que está prohibido pararse en el campo de un amigo cuando salió la cosecha [no sea que se pongan celosos y miren con un ojo malo].

TEXTO 18

La ley de la cerca

Maimónides, *Mishné Torá*, Leyes de los Vecinos 2:16

בְּגִינָה, כּוֹפֵהוּ לְהַבְדִיל גִנָתוֹ מִגִנַת חֲבֵרוֹ
בִּמְחִצָה גְבוֹהָה עֲשָׂרָה טְפָחִים.

Entre jardines, los vecinos pueden obligarse los unos a los otros a construir una cerca con una altura de diez *tefajim*.

TEXTO 19

Reinterpretando la cerca

Maimónides, *Igrot HaRambam*, ed. Rabí Itzjak Shilat (Maalé Adumim, Israel: Shilat Publishing, 1995), pág. 509

זֹאת הַשְּׁאֵלָה לֹא הָיְתָה לַאֲנָשִׁים גְּדוֹלִים כְּמוֹכֶם לִשְׁאֹל אוֹתָהּ. וְכִי לֹא שָׁאֲנֵי בֵּין הֶזֵּק רְאִיָּה, שֶׁהוּא הֶזֵּק גָּדוֹל וַדַּאי, שֶׁיִּרְאֶה אָדָם חֲבֵרוֹ בְּעֵת שֶׁהוּא עוֹמֵד וְיוֹשֵׁב וְעוֹשֶׂה צְרָכָיו, וּבֵין הֶזֵּק רְאִיָּה שֶׁיִּרְאֶה קָמַת חֲבֵרוֹ מִשּׁוּם עֵינָא בִּישָׁא. שֶׁאֵלּוּ דִּבְרֵי חֲסִידוּת הֵם, שֶׁלֹּא יְעַיֵּן בּוֹ בְּעַיִן רָעָה.

וְאוֹתוֹ הַשִּׁנּוּי שִׁנּוּיָא בְּעָלְמָא הוּא, וְאֵינוֹ אַלִּבָּא דְּהִלְכְתָא. אֶלָּא עִקַּר הֶזֵּק רְאִיָּה בֶּחָצֵר הוּא בְּמָקוֹם שֶׁבְּנֵי אָדָם דָּרִין, אֲבָל בְּגִנּוֹת אֵינוֹ צָרִיךְ אַרְבַּע אַמּוֹת לְפִי שֶׁאֵין דַּרְכָּן שֶׁל בְּנֵי אָדָם לָדוּר בַּגִּנּוֹת, אֶלָּא בִּמְחִצַּת עֲשָׂרָה טְפָחִים סַגִּי כִּי הֵיכִי שֶׁיִּתָּפֵס כְּגַנָּב.

Esta pregunta no es digna de hombres sabios como ustedes. Ciertamente existe una diferencia entre una invasión de privacidad causada porque la gente puede ver a sus vecinos en sus asuntos diarios, y el cuidado de no mirar la cosecha de un vecino con mal de ojos. La última es una enseñanza ética: la gente debe abstenerse de mirar con envidia la propiedad de sus vecinos.

La afirmación del Talmud de que se necesita una cerca alta no es la conclusión halájica final. Una cerca alta de cuatro cúbitos solo se requiere entre patios, donde vive gente y está en riesgo la privacidad. En el caso de un jardín, una cerca nominal de diez *tefajim* alcanza para cumplir el propósito de línea de separación entre las propiedades.

APÉNDICE B

TEXTO 20

Obsesión demoníaca

Talmud, Pesajim 110b

כָּל דְקָפֵיד, קָפְדִי בַּהֲדֵיהּ. וּדְלָא קָפֵיד, לָא קָפְדִי בַּהֲדֵיהּ.

Todos aquellos que son mañosos [en cuanto a su preocupación con ser dañados por los demonios], los demonios son mañosos con ellos; todos aquellos que no son mañosos, los demonios no son mañosos con ellos.

NIÑOS DEL MAR
Jozef Israels, óleo sobre lienzo, Países Bajos, 1872. (Rijksmuseum)

TEXTO 21

Obsesión del mal de ojos

Rabí Moshe Feinstein, *Igrot Moshe, Even Haezer* 3:26

בְּעִנְיַן עַיִן הָרָע וַדַּאי יֵשׁ לָחוּשׁ, אֲבָל אֵין לְהַקְפִּיד הַרְבֵּה, כִּי בִּדְבָרִים כָּאֵלּוּ הַכְּלָל: מַאן דְּלָא קָפֵיד, לֹא קַפְּדֵיא בַּהֲדֵיהּ.

Uno ciertamente debería tener cuidado con el mal de ojos. Pero uno no debería preocuparse excesivamente por él, porque la regla general para tales cuestiones es que "los que no son mañosos, las [fuerzas del mal] no son mañosas con ellos."

RAB. MOSHE FEINSTEIN 1895-1986

Autoridad halájica líder del s. XX. Rab. Feinstein fue designado Rab. de Luban, Bielorrusia, en 1921. Emigró a los Estados Unidos en 1937 y se convirtió en el decano de Metivta Tiferet Ierushalaim en Nueva York. Las decisiones halájicas de Rab. Feinstein han sido publicadas en una colección de múltiples volúmenes titulada "*Igrot Moshé*".

PARA Y NORMAL

La mayoría de las personas creen en alguna versión del alma. ¿Acaso las almas continúan existiendo luego de la muerte? ¿Pueden vernos? En esta clase exploraremos lo que sabemos sobre ángeles, espíritus y vida extraterrestre, para poder comprender mejor la naturaleza de nuestras almas.

LA DANZA DE LA VIDA
Yoram Raanan, giclée, Israel

I. INTRODUCCIÓN

La clase final de *Jupernatural* está dedicada al fenómeno general de vidas alternativas no humanas.

¿Qué rol poseen los ángeles y los demonios en el judaísmo? El judaísmo, ¿cree en los fantasmas y los espíritus? ¿Acaso podemos comunicarnos con nuestros seres queridos fallecidos? ¿Es la creencia en la vida extraterrestre compatible con la teología judía?

Por medio de explorar formas de vida alternativas, lograremos una perspectiva más profunda sobre qué significa ser humanos, y cuál es el propósito de nuestras propias vidas.

EJERCICIO 4.1

Posturas con respecto a las formas alternativas de vida

¿Cuál es tu postura personal con respecto a las siguientes formas alternativas de vida?

Ángeles

Demonios

Espíritus y fantasmas

Extraterrestres

II. ÁNGELES

Nuestra exploración de formas alternativas de vida comienza por los ángeles. Los ángeles a menudo aparecen en la Torá, pero ¿qué son exactamente? ¿Cuál es su función?

TEXTO 1

Ángeles espirituales

Maimónides, *Mishné Torá*, Leyes de los Fundamentos de la Torá 2:3–5

וּמֵהֶם בְּרוּאִים צוּרָה בְּלֹא גֹלֶם כְּלָל, וְהֵם הַמַּלְאָכִים, שֶׁהַמַּלְאָכִים אֵינָן גּוּף וּגְוִיָּה, אֶלָּא צוּרוֹת נִפְרָדוֹת זוֹ מִזּוֹ.

וּמָה הוּא זֶה שֶׁהַנְּבִיאִים אוֹמְרִים שֶׁרָאוּ הַמַּלְאָךְ אֵשׁ וּבַעַל כְּנָפַיִם? הַכֹּל בְּמַרְאֶה הַנְּבוּאָה וְדֶרֶךְ חִידָה, לוֹמַר שֶׁאֵינוֹ גּוּף, וְאֵינוֹ כָּבֵד כְּגוּפוֹת הַכְּבֵדִים, כְּמוֹ שֶׁנֶּאֱמַר: "כִּי ה' אֱלֹקֶיךָ אֵשׁ אֹכְלָה הוּא" (דְּבָרִים ד, כד), וְאֵינוֹ אֵשׁ, אֶלָּא מָשָׁל, וּכְמוֹ שֶׁנֶּאֱמַר: "עוֹשֶׂה מַלְאָכָיו רוּחוֹת" (תְּהִלִּים קד, ד).

וּבַמֶּה יִפָּרְדוּ הַצּוּרוֹת זוֹ מִזּוֹ, וַהֲרֵי אֵינָן גּוּפִין? לְפִי שֶׁאֵינָן שָׁוִין בִּמְצִיאוּתָן, אֶלָּא כָּל אֶחָד מֵהֶם לְמַטָּה מִמַּעֲלָתוֹ שֶׁל חֲבֵרוֹ, וְהוּא מָצוּי מִכֹּחוֹ זֶה לְמַעְלָה מִזֶּה. וְהַכֹּל נִמְצָאִים מִכֹּחוֹ שֶׁל הַקָּדוֹשׁ בָּרוּךְ הוּא וְטוּבוֹ.

En Su mundo, Di-s creó seres que son espirituales y no tienen sustancia material. Se trata de los ángeles, que no poseen cuerpo ni figura física—son entidades espirituales.

¿Qué debemos comprender de las descripciones del profeta de que vieron un ángel de fuego,

RABÍ MOSHÉ BEN MAIMÓN (MAIMÓNIDES, RAMBAM) 1135–1204

Legislador, filósofo, autor, y médico. Maimónides nació en Córdoba, España. Luego de la conquista de Córdoba por parte de los almohades, huyó de España y eventualmente se estableció en El Cairo, Egipto. Allí se convirtió en el líder de la comunidad judía, y se desempeñó como médico de la corte del visir de Egipto. Es más conocido por ser el autor del *Mishné Torá,* un arreglo enciclopédico sobre ley judía; y por su labor en el campo de la filosofía, la *Guía de los Perplejos*. Sus decisiones sobre ley judía son indispensables para llegar a un consenso halájico.

o con alas? Estas son visiones proféticas y sirven como parábolas. Encontramos algo parecido en el versículo "Di-s es un fuego que consume" (DEUTERONOMIO 4:24). Di-s no es fuego y su descripción aquí es metafórica. Similarmente, el versículo afirma: "Él hace a Sus ángeles como vientos" (SALMOS 104:4), utilizando vientos como metáfora.

Debido a que no poseen cuerpo, ¿de qué forma se diferencian los unos de los otros? Son distintos en el sentido en que no hay dos ángeles con igual composición espiritual. Se encuentran en un continuo parecido a una cadena, cada uno encima de otro, cada uno sosteniendo a uno que se encuentra más abajo que él. Todos existen por el poder y benevolencia de Di-s.

Avraham habla con los ángeles. Detalle de página completa de la *Miscelánea Hebrea del Norte de Francia*. Producido sobre pergamino, a fines del s. XIII, la *Miscelánea* consiste en ochenta y cuatro grupos distintos de textos hebreos, y muchas de sus páginas se encuentran decoradas por bellas artes. (Museo Británico, Londres)

Aclaración: Tal como se explicó en el Texto 1 de esta clase, los ángeles son seres espirituales, por lo tanto, los atributos físicos utilizados para describirlos son metáforas.

TEXTO 2

Ángeles con una misión

Rabí Menajem Mendel de Lubavitch, *Derej Mitzvoteja* 27a

מַלְאָךְ הוּא לָשׁוֹן שָׁלִיחַ, לְפִי שֶׁהֵם שְׁלוּחֵי הַשֶּׁפַע שֶׁעַל יָדָם אוֹר אֵין סוֹף בָּרוּךְ הוּא מַשְׁפִּיעַ הֶאָרָתוֹ לָעוֹלָמוֹת וְכָל אֲשֶׁר בָּהֶם לְהַחֲיוֹתָם. וְעַל דֶּרֶךְ מָשָׁל הַשָּׁלִיחַ, שֶׁהוּא אֵינֶנּוּ מְדַבֵּר שׁוּם דָּבָר מִדַּעְתּוֹ כִּי אִם מָה שֶׁהוּשַּׂם בְּפִיו. וְנִמְצָא שֶׁהוּא רַק כְּלִי לְהוֹלָכַת הַשֶּׁפַע וְהַגָּעָתָהּ מִן הַמַּשְׁפִּיעַ אֶל הַמְקַבֵּל . . .

כָּךְ יֵשׁ מַלְאָכִים שֶׁמְּקַבְּלִים הַהַעֲלָאַת מ"ן וְאִתְעָרוּתָא דִלְתַתָּא שֶׁל הַיִּשְׂרָאֵל וּמְבִיאִים אוֹתָם לִפְנֵי ה'. וּכְמוֹ שֶׁמָּצִינוּ בַּזֹּהַר בְּעִנְיַן הַמַּלְאָכִים הַמְקַבְּלִים אֶת הַתְּפִלָּה. וְהַיְנוּ מִשּׁוּם שֶׁאִי אֶפְשָׁר לְקוֹל וְדִבּוּר גַּשְׁמִי שֶׁל אָדָם לַעֲלוֹת לְמַעְלָה וּלְהִתְכַּלֵּל בִּמְקוֹרוֹ כִּי אִם עַל יְדֵי שֶׁיִּזְדַּכֵּךְ תְּחִלָּה עַל יְדֵי הַמַּלְאָכִים . . .

וְאֵינָן דָּבָר בִּפְנֵי עַצְמָם, כִּי אִם בִּבְחִינַת בִּטּוּל לְאוֹר ה' שֶׁבְּתוֹכָם.

La palabra para "ángel", *malaj,* significa "emisario". Los *malajim* son los emisarios que transmiten la energía creativa de Di-s para mantener los mundos y todo lo que ellos contienen. Los emisarios no hablan por su cuenta; ellos meramente transmiten el mensaje que su jefe les ha dado. Similarmente, los *malajim* son meramente conductos para transmitir el flujo desde la Fuente hacia los receptores...

RABÍ MENAJEM MENDEL SCHNEERSOHN DE LUBAVITCH *(TZEMAJ TZEDEK)* 1789–1866

Rebe jasídico y destacado autor. El *Tzemaj Tzedek* fue el tercer líder del movimiento jasídico Jabad, y una destacada autoridad en el tema de la ley judía. Sus numerosas obras incluyen respuestas halájicas, discursos jasídicos, y escritos cabalistas. Tuvo un rol muy activo durante la difícil situación de la judería rusa, y trabajó para aliviar el sufrimiento de los cantonistas, los niños judíos secuestrados para servir en el ejército del Zar. Falleció en la ciudad de Lubavitch, dejando una descendencia de siete hijos y dos hijas.

También hay *malajim* que sirven de emisarios en nombre del pueblo judío, recolectando sus buenas acciones e inspiración espiritual y presentándolas ante Di-s. En cuanto a los ángeles que reciben los rezos, el *Zóhar* nos enseña que son necesarios porque es imposible que los sonidos y palabras físicas asciendan al cielo y sean incorporadas en la Fuente Divina sin antes ser refinadas por los ángeles...

Los *malajim* no son seres independientes. Son meramente herramientas de la luz Divina que se encuentra dentro de ellos.

TEXTO 3

Evitando a los ángeles

Rabí Menajem Mendel de Lubavitch,
Or HaTorá, Shemot 1, pág. 292

לֶעָתִיד לָבֹא שֶׁכְּבָר יִגְמַר בֵּרוּר נֶפֶשׁ הַבַּהֲמִית אֲזַי אֵין צָרִיךְ לְקַבֵּל סִיּוּעַ בְּהַהִילוּךְ מֵהַמַּלְאָכִים.

En la era mesiánica, habremos completado la rectificación de nuestra alma material animal y no necesitaremos más la ayuda de transmisión de los *malajim*.

TEXTO 4

Alabando como los ángeles

Sidur, Kedushá 

נַקְדִּישָׁךְ וְנַעֲרִיצָךְ כְּנֹעַם שִׂיחַ סוֹד שַׂרְפֵי קֹדֶשׁ
הַמְשַׁלְּשִׁים לְךָ קְדֻשָּׁה, כַּכָּתוּב עַל יַד נְבִיאֶךָ:
"וְקָרָא זֶה אֶל זֶה וְאָמַר, קָדוֹשׁ קָדוֹשׁ קָדוֹשׁ ה'
צְבָאוֹת, מְלֹא כָל הָאָרֶץ כְּבוֹדוֹ" (ישעיהו ו, ג).

Te santificaremos y adoraremos tal como las dulces palabras de la congregación de los santos ángeles que tres veces Te dicen “santo”, tal como está escrito por Tu profeta: “Y ellos invocan uno a otro, y dicen ‘Santo, santo, santo es el Di-s de las huestes; toda la tierra está llena de Su gloria’” (ISAÍAS 6:3).

SIDUR

El *sidur* es el libro de rezos judío. Fue desarrollado originalmente por los sabios de la Gran Asamblea en el s.IV AEC y reconstruído posteriormente por Rabán Gamliel luego de la destrucción del Segundo Templo. Varias autoridades continuaron agregando rezos, desde aquel entonces y hasta los tiempos modernos. Incluye alabanzas a Di-s, pedidos para la satisfacción de necesidades personales y nacionales, selecciones de la Biblia y mucho más. Las distintas comunidades judías tienen versiones levemente distintas del *sidur*.

CANTARÉ LAS MISERICORDIAS DEL SE-ÑOR PARA SIEMPRE; A TODAS LAS GENERACIONES HARÉ SABER TU FIDELIDAD POR MEDIO DE MI BOCA
Rivka Gruzman, óleo, 2011, Israel

TEXTO 5

Ángeles de Shabat

Zóhar Jadash, pág. 48d

כַּד אָתֵי בַּר נַשׁ מִבֵּי כְּנִישְׁתָּא, יָהֲכוּן עִמֵּיה מַלְאָכִין קַדִּישִׁין מֵהַאי גִּיסָא וּמַלְאָכִין מֵהַאי גִּיסָא, וּשְׁכִינְתָּא עַל כֻּלְּהוֹן . . . אִם אִינִישׁ יָעֵיל לְבֵייתֵיה בְּחֶדְוָוא וִיקַבֵּל אוּשְׁפִּיזִין בְּחֶדְוָוא, וְכַד אָתֵי שְׁכִינְתָּא וּמַלְאָכִין וְיֶחֱזוּ שְׁרָגָא נַהֲרָא וּפְתוֹרָא מִתְתַּקְנָא וְאִינִישׁ וְאִיתְּתֵיה בְּחֶדְוָה, הַאי שַׁעְתָּא שְׁכִינְתָּא אָמְרַת: זֶה שֶׁלִּי הוּא - "יִשְׂרָאֵל אֲשֶׁר בְּךָ אֶתְפָּאֵר" (יְשַׁעְיָה מט, ג).

Cuando regresamos de la sinagoga, los ángeles nos acompañan de cada lado, mientras la Presencia Divina nos sobrevuela… Si entramos a casa con alegría, y recibimos invitados con alegría; y si al llegar, los ángeles y la Presencia Divina ven las velas encendidas, la mesa puesta, y el marido y la mujer alegres, en ese momento la Presencia Divina dice: "Esto es Mío—'Israel del que me enorgullezco'" (ISAÍAS 49:3).

ZÓHAR

Es la obra más influyente de la kabalá, el misticismo judío. El *Zóhar* es un comentario místico sobre la Torá, y fue escrito tanto en arameo como en hebreo. Según el Arizal, el *Zóhar* contiene las enseñanzas de Rabí Shimon Bar Iojai, quien vivió en Israel durante el siglo II. El *Zóhar* se ha convertido en uno de los textos indispensables del judaísmo tradicional, junto con y casi a la altura de la Mishná y del Talmud.

TEXTO 6

Dando la bienvenida a los ángeles

Sidur, liturgia del viernes por la noche

שָׁלוֹם עֲלֵיכֶם מַלְאֲכֵי הַשָּׁרֵת מַלְאֲכֵי עֶלְיוֹן,
מִמֶּלֶךְ מַלְכֵי הַמְּלָכִים הַקָּדוֹשׁ בָּרוּךְ הוּא.

La paz sea con vosotros, ángeles servidores, mensajeros del Altísimo—del supremo Rey de reyes, el Santo, bendito sea.

TEXTO 7

Ángeles guardianes

Midrash, *Tanjuma*, Vaietzé 3

עָשָׂה אָדָם מִצְוָה אַחַת, מוֹסְרִין לוֹ מַלְאָךְ אֶחָד. עָשָׂה שְׁתֵּי מִצְוֹת, מוֹסְרִין לוֹ שְׁנֵי מַלְאָכִים. עָשָׂה כָּל הַמִּצְוֹת, מוֹסְרִין לוֹ מַלְאָכִים הַרְבֵּה, שֶׁנֶּאֱמַר: "כִּי מַלְאָכָיו יְצַוֶּה לָּךְ" (תְּהִלִּים צא, יא). וּמִי הֵן הַמַּלְאָכִים אֵלּוּ? שֶׁמְּשַׁמְּרִים אוֹתוֹ מִן הַמַּזִּיקִין.

Una persona que cumple una mitzvá recibe un ángel. Aquella que cumple dos *mitzvot* recibe dos ángeles. Otra que cumple todas las *mitzvot* recibe muchos ángeles—como está dicho: "Él te asignará Sus ángeles (SALMOS 91:11). ¿Quiénes son estos ángeles? Son los que protegen a la persona contra las fuerzas demoníacas dañinas.

Si bien la mayoría de las autoridades judías toman al pie de la letra estas descripciones bíblicas de los ángeles que activan en el plano terrenal, el apéndice de la clase presenta la perspectiva alternativa de Maimónides.

MIDRASH TANJUMA

Es una obra del Midrash que lleva el nombre de Rab. Tanjuma, un sabio talmúdico del s.IV, citado en numerosas ocasiones a lo largo de dicha obra. El término *'Midrash'* es utilizado para designar un género particular de la literatura rabínica, en el cual se comentan libros específicos de la Biblia. El *Midrash Tanjuma* nos proporciona interpretaciones textuales, se explaya sobre la narración bíblica, y desarrolla e ilustra principios morales. Lo que lo hace único Tanjuma es que muchas de sus secciones comienzan con una discusión halájica, que a continuación desemboca en enseñanzas no halájicas.

Los ángeles en la Biblia

A continuación, resúmenes de relatos bíblicos en los que se describe a los ángeles apareciendo con aspecto físico.

Hagar y los ángeles

Génesis 16, 21

Luego de vivir en Canaán diez años y no dar a luz a ningún hijo, Sará le pidió a Avraham tomar a su criada Hagar como esposa. Avraham se casó con Hagar. Cuando Hagar quedó embarazada, comenzó a despreciar a Sará, quien contraatacó duramente, provocando la partida de Hagar. Un ángel de Di-s encontró a Hagar cerca de un manantial en el desierto, le insistió que volviera con Sará, y le prometió que Di-s le daría un hijo llamado Ishmael y mucha descendencia.

Una década después del nacimiento de Ishmael, Sará dio a luz a Itzjak. Sará vio que Ishmael era una influencia negativa sobre Itzjak. Avraham le dio pan a Hagar y a Ishmael, los despidió de su casa, y ellos salieron a deambular por el desierto.

Cuando se les acabó el agua, Ishmael se debilitó y Hagar lo colocó bajo un arbusto con sombra. Hagar se sentó a llorar, y un ángel de Di-s la llamó. El ángel le aseguró que Ishmael viviría y sería el padre de una gran nación. Di-s le mostró a Hagar un pozo de agua, del cual le dio de beber a Ishmael. Ishmael se recuperó y creció en el desierto.

Los huéspedes de Avraham y Sará

Génesis 18:1–16

Luego de la circuncisión de Avraham, a sus noventa y nueve años, él estaba sentado en la entrada de su tienda, y vio que tres hombres se acercaban. Los invitó a pasar y les preparó una suntuosa comida. "¿Dónde está Sará, tu mujer?" preguntaron los invitados. Pasaron a revelar su identidad, diciendo ser tres ángeles de Di-s. Uno de ellos dijo: "Dentro de un año yo regresaré y Sará, tu mujer, dará a luz a un hijo." Sará y Avraham ya eran mayores, con lo cual Sará se rió cuando escuchó la promesa del ángel. Sin embargo, Di-s le preguntó a Avraham: "¿Por qué se rió Sará? ¿Acaso existe algo demasiado milagroso para Di-s?" Di-s luego le aseguró a Sará que ella ciertamente tendría un hijo dentro de exactamente un año. El ángel que hizo la promesa partió, habiendo cumplido su misión. Los otros dos ángeles continuaron hacia la ciudad de Sodoma.

Los huéspedes de Lot en Sodoma

Génesis 19:1–26

Lot estaba sentado en la entrada a Sodoma cuando vio llegar a dos ángeles con aspecto de hombres. Recibir huéspedes era considerado un crimen en Sodoma, pero Lot igualmente los invitó a su hogar para comer y pasar la noche. Cuando los huéspedes de Lot fueron descubiertos, la gente del pueblo sitió su casa y exigió que entregara a los hombres a la horda viciosa. Lot intentó negociar con ellos, pero ellos lo atacaron. Los ángeles rescataron a Lot, hicieron que los atacantes se quedaran ciegos, y le indicaron a Lot reunir a su familia y abandonar la ciudad. "Estamos por destruir este lugar" dijeron, "porque el clamor contra Di-s ha aumentado, y Di-s nos envió para destruirlo."

Al amanecer, los ángeles condujeron de la mano a Lot, su esposa y dos hijas, y los sacaron de la ciudad. Cuando salieron de allí, Di-s hizo caer azufre y fuego sobre Sodoma, destruyendo toda la llanura junto con sus cuatro ciudades.

Iaakov lucha con un ángel

Génesis 32

De regreso a la Tierra de Canaán, Iaakov se preparó para un encuentro con su hermano y rival, Esav. Iaakov recibió noticias de que Esav se acercaba con 400 hombres armados y se preparó para una posible batalla.

En un momento de la noche, cuando Iaakov se encontraba a solas, el ángel guardián de Esav apareció ante él con el aspecto de un hombre, y luchó contra él hasta el amanecer. El ángel vio que no podía vencerlo, así que tocó el nervio ciático de Iaakov y dislocó su cadera. Al amanecer, el ángel le pidió que lo dejara ir, pero Iaakov se negó a liberarlo hasta no recibir una bendición. "¿Cómo te llamas?" le preguntó el ángel, a lo que él contestó: "Iaakov". El ángel dijo: "Tu nombre no será más Iaakov, sino Israel, porque has luchado con Di-s y con el hombre, y has triunfado." El ángel lo bendijo, y Iaakov llamó al lugar Peniel, "porque vi un ángel de Di-s cara a cara y mi vida fue preservada."

El burro y el ángel

Números 22:21-35

Balak, Rey de Moab, se sintió amenazado por el pueblo judío mientras ellos pasaban por allí, en el desierto del Sinaí. Mandó a llamar al famoso vidente Bilaam, destacado por el poder de sus maldiciones, para maldecir al pueblo judío. Di-s le dio a Bilaam permiso para ir con los hombres de Balak, siempre y cuando hiciera tal y cual lo que Di-s dijera. Sin embargo, al ver las ganas de Bilaam de maldecir a los judíos, Di-s envió un ángel, que portaba una espada, para bloquear el camino.

El burro de Bilaam percibió al ángel y se desvió del camino. Sin embargo, Bilaam no estaba consciente del ángel en el camino, y golpeó repetidamente al burro para que volviera al camino. Di-s abrió la boca del burro, y éste proclamó: "¡¿Qué te hice para que me golpees así?!"

Finalmente, Bilaam vio al ángel de Di-s en el camino, portando la espada. Balaam se sintió avergonzado. El ángel una vez más le advirtió a Bilaam únicamente pronunciar las palabras permitidas por Di-s, y Bilaam continuó su camino.

El ángel guardián de Guidón

Jueces 6-7

Habían pasado doscientos años desde que los judíos ingresaron en la Tierra de Israel, y pandillas de midianitas y amalequitas constantemente atacaban al pueblo judío. Robaban las cosechas y ganado de los judíos, sumiéndolos en la pobreza.

Un ángel de Di-s se apareció en apariencia humana bajo un árbol de terebinto, donde Guidón, el hijo menor de Ioash de la tribu de Menashe, estaba trillando trigo. "El Se-ñor está contigo, poderoso guerrero" le dijo el ángel, rogándole que salvara a Israel de manos de Midián. Al principio no lo creía, pero luego Guidón se convenció de que el ángel le dio una señal milagrosa.

Esa noche, Guidón destruyó todos los ídolos de su padre. Al día siguiente, la gente del pueblo quería matarlo, pero Guidón los convenció de "dejar que el dios se defendiera a sí mismo."

Llegó la noticia de que todo Midian y Amalek habían cruzado el Jordán para acampar en un valle cercano. Guidón, confiado de que el espíritu de Di-s estaba con él, tocó un shofar y movilizó a su tribu. Envió a la mayoría de ellos a sus casas, y atacó el campo enemigo con un ejército de solamente 300 hombres, expulsándolos de allí.

III. DEMONIOS

De los ángeles, pasaremos a su contraparte negativa, los demonios, y exploraremos un rango de perspectivas judías.

TEXTO 8

Fuerzas demoníacas

Mishná, Avot 5:6

עֲשָׂרָה דְבָרִים נִבְרְאוּ בְּעֶרֶב שַׁבָּת בֵּין הַשְּׁמָשׁוֹת . . . וְיֵשׁ אוֹמְרִים, אַף הַמַּזִּיקִין.

Diez cosas fueron creadas durante la puesta del sol del viernes [el día final de la Creación]... Algunos dicen que las fuerzas destructivas demoníacas también fueron creadas en este momento.

LOS ÁNGELES DE LA DESTRUCCIÓN
Shoshannah Brombacher, pastel sobre papel, Nueva York, 2005

***PIRKEI AVOT* (TRATADO DE LOS PADRES)**

Es una obra de ética judía, de 6 capítulos, muy estudiada en las comunidades judías, en especial durante la época del verano. Los primeros 5 capítulos pertenecen a la Mishná, Tratado de los Padres. Este tratado difiere del resto de la Mishná en cuanto a que no se enfoca en temas legales; es una colección de sabiduría relacionada al desarrollo del carácter, la ética, la vida saludable, la piedad, y el estudio de la Torá.

TEXTO 9

Composición demoníaca

Najmánides, Levítico 17:7

וְיִקָּרְאוּ שֵׁדִים, בַּעֲבוּר שֶׁמִּשְׁכָּנָם בְּמָקוֹם
שָׁדוּד כְּגוֹן הַמִּדְבָּר. וְעִקַּר מְצִיאוּתָם בַּקְּצָווֹת,
כְּגוֹן פְּאַת צְפוֹן הֶחָרֵב מִפְּנֵי הַקֹּר . . .

הָיְתָה יְצִירָה מִשְּׁתֵּי יְסוֹדוֹת, מִן הָאֵשׁ וְהָאֲוִיר, וְהָיָה מֵהֶן גּוּף
אֵינֶנּוּ מֻרְגָּשׁ וְלֹא מֻשָּׂג לְאַחַת מִן הַהַרְגָּשׁוֹת . . .
וְהַגּוּף הַזֶּה הוּא רוּחָנִי, יָטוּס לְדַקּוּתוֹ וְקַלּוּתוֹ בָּאֵשׁ וּבָאֲוִיר.

Los demonios son llamados *shedim* porque residen en áreas desoladas (*shadud)* como los desiertos. Se encuentran principalmente en los extremos, tales como la parte más al norte del mundo que se encuentra desolada por el frío...

Los demonios son formados de una combinación de los elementos de fuego y aire, y su forma no puede ser percibida ni comprendida por ninguno de nuestros sentidos... La forma es intangible y, debido a que son tan livianos, pueden volar con el fuego y el viento.

RABÍ MOSHÉ BEN NAJMAN *(NAJMÁNIDES, RAMBÁN)* 1194–1270

Erudito, filósofo, autor y médico. Najmánides nació en España y fue líder de la judería ibérica. En el año 1263 fue convocado por el Rey Jaime de Aragón para debatir públicamente con Pablo Cristiani, un apóstata judío. A pesar de que Najmánides fue el ganador evidente del debate, se vio obligado a huir de España por la persecución posterior. Se mudó a Israel y ayudó a restablecer la vida comunitaria en Jerusalén. Escribió un comentario clásico acerca del Pentateuco, y un comentario acerca del Talmud.

TEXTO 10

Demonios psicológicos

Rabí Levi ben Gershon, Deuteronomio 32:17

עִנְיַן מְצִיאוּת הַשֵּׁד הוּא דִמְיוֹן לְבַד. וְלָזֶה אָמְרוּ רַבּוֹתֵינוּ זַ"ל: לְאֶחָד נִרְאֶה וּמַזִּיק, לִשְׁנַיִם נִרְאֶה וְאֵינוֹ מַזִּיק, לִשְׁלֹשָׁה אֵינוֹ נִרְאֶה וְאֵינוֹ מַזִּיק. וְאִלּוּ הָיָה עִנְיָן שֶׁהָיָה לוֹ מְצִיאוּת בְּעַצְמוֹ, הָיָה נִרְאֶה לִשְׁלֹשָׁה כְּמוֹ שֶׁהוּא נִרְאֶה לְאֶחָד אוֹ לִשְׁנַיִם.

Los demonios existen únicamente en el plano de la imaginación. A esto se referían los sabios cuando nos enseñaron que "un demonio puede aparecer y dañar a una persona que se encuentra sola, puede aparecerse ante dos personas pero sin causarles daño, y ante tres personas juntas no se aparece en lo absoluto." (TALMUD, BERAJOT 43B). Si los demonios existieran como seres reales, aparecerían ante los grupos de tres personas de la misma forma en que lo hacen ante una o dos personas.

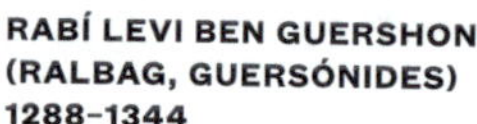

RABÍ LEVI BEN GUERSHON (RALBAG, GUERSÓNIDES) 1288–1344

Filósofo y comentarista bíblico. Oriundo de Provenza, Francia, Rabí Levi ben Guershon era un polímata: comentarista bíblico, filósofo, matemático, físico y astrónomo. Es conocido principalmente por sus intentos de conciliar la filosofía aristotélica con la creencia judía, expuestos en sus comentarios bíblicos y en su obra filosófica *Sefer Miljamot Hashem*. Se nombró un cráter de la luna 'el cráter Rabí Levi', en reconocimiento de sus aportes en el campo de la astronomía.

Guenizá del Cairo, fragmento del Talmud, Berajot. (Biblioteca de la Universidad de Cambridge, Inglaterra)

TEXTO 11

Demonios débiles

Najmánides, Levítico 17:7

אֵין בַּשֵּׁדִים אֱלָהוּת וְשׁוּם כֹּחַ, וּלְכָךְ אֵין צֹרֶךְ בָּהֶם כִּי לֹא יָרֵעוּ וְגַם הֵיטֵב אֵין אוֹתָם.

Los demonios no tienen ningún poder ni fuerza. No hay necesidad de involucrarse con ellos, porque no poseen la capacidad independiente de beneficiarnos ni de dañarnos.

EL DEMONIO ASHMEDAI CON EL REY SALOMÓN
Acuarela por Zeev Raban para la obra de Jaim Najman Bialik (1873–1934) *El rey Salomón y Ashmedai*, alrededor de 1920

IV. ESTADO MENTAL

Habiendo estudiado varias perspectivas acerca de qué son los ángeles y los demonios, ahora pasaremos a explorar qué relevancia tienen para nosotros en nuestra vida personal.

TEXTO 12

Sentimientos demoníacos y angelicales

Rabí DovBer de Lubavitch, *Maamarei Admur Ha'emtzai*, Bamidbar 2, págs. 806–809

אֵינוֹ מוּבָן, לָמָּה נִקְרָאוּ בְּשֵׁם מַזִּיקִים אוֹ חִיצוֹנִיִּים כְּשֵׁדִים וּמַלְאֲכֵי חַבָּלָה . . . כָּל הָרוּחוֹת וְשֵׁדִים וּמַזִּיקִין לֹא יוּכְלוּ לַעֲבֹר רְצוֹן הָאֱלֹקִים. . .

אַךְ הָעִנְיָן הוּא, כַּיָּדוּעַ בְּעִנְיַן הַהֶפְרֵשׁ בִּכְלָל בֵּין סִטְרָא דִקְדֻשָּׁה לְסִטְרָא אַחְרָא דִקְלִפָּה, שֶׁהֵן ב' הֲפָכִים בְּתַכְלִית (כְּיֵצֶר הָרַע וְיֵצֶר טוֹב, טוֹב וָרַע). שֶׁבְּסִטְרָא דִקְדֻשָּׁה יֵשׁ ב' מַעֲלוֹת, א' בְּחִינַת הָאַיִן וְהַבִּטּוּל לֶאֱלוֹקוּת וּבִלְתִּי מֻרְגָּשׁ בְּעַצְמוֹ כְּלָל לִבְחִינַת יֵשׁ וּדְבַר מָה. וְהַב' בְּחִינַת הַטּוֹב וְהַחֶסֶד בְּעֶצֶם לְהַשְׁפִּיעַ לְחוּץ מֵעַצְמוֹ מִכָּל אֲשֶׁר לוֹ, כְּמוֹ לְהַחֲיוֹת לְדַל וְגַם לַעֲשׂוֹת טוֹב לַכֹּל.

כִּי עִקַּר הַמִּדָּה הִיא לְהַנִּיחַ אֶת עַצְמוֹ לְהֵטִיב מִטּוּבוֹ לְכָל אָדָם, וְזֶהוּ מִצַּד בְּחִינַת הַבִּטּוּל לְאַיִן מַמָּשׁ בְּעַצְמוֹ . . .

אֲבָל בְּסִטְרָא דִקְלִפָּה הוּא לְהֵפֶךְ מַמָּשׁ, דְאֶת זֶה לְעֻמַּת זֶה עָשָׂה מַמָּשׁ הָאֱלֹקִים, כַּנִּזְכָּר לְעֵיל. וְהוּא מָה שֶׁיֵּשׁ בִּבְחִינַת יֵשׁ וְדָבָר גָּדוֹל בְּהַרְגָּשָׁה רַק לְעַצְמוֹ, וְאֵין בּוֹ בִּטּוּל לְעַצְמוֹ כְּלָל לִהְיוֹת כְּעֵין נֶפֶשׁ שְׁפֵלָה הַנִּזְכָּר לְעֵיל, אַדְרַבָּה בְּחִינַת יֵשׁ וְגַסּוּת בְּרוּחַ גָּבוֹהַּ.

RAB. DOVBER DE LUBAVITCH *(MITELER REBE)* 1773–1827

Rab. Dovber era el hijo mayor y sucesor de Rab. Shneur Zalman de Liadí, y desarrolló enormemente las innovadoras enseñanzas de su padre. Fue el primer rebe de Jabad que vivió en la aldea de Lubavitch. Se dedicó al bienestar de la judería rusa, que en esos tiempos estaba confinada a la Zona de Asentamiento, y estableció colonias agrícolas judías. Sus obras más notables de pensamiento jasídico incluyen *Shaar Haijud*, *Torat Jaim*, e *Imrei Biná*.

¿Por qué los demonios son llamados fuerzas destructivas? ... Los espíritus negativos y los demonios no tienen la capacidad de transgredir la voluntad de Di-s...

El lado de la santidad y el lado de la impureza son completamente opuestos, son el bien y el mal. Las entidades del lado de la santidad tienen dos cualidades distintivas: primero, se entregan completamente a la Divinidad y no se perciben a sí mismos como entidades independientes. Segundo, son inherentemente buenos con los demás, dando todo lo que poseen para mantener al pobre, y hacer el bien a todos.

La característica subyacente es dejar de lado los intereses propios para beneficiar a los demás, y la causa de esto es la sensación de entrega absoluta a Di-s...

El lado de la impureza tiene una naturaleza exactamente opuesta: se considera a sí misma muy importante, y solo se preocupa por sus propias necesidades, no tiene sentimientos altruistas, solo de arrogancia y grandeza.

TEXTO 13

La inferioridad de los ángeles

Rabí Shneur Zalman de Liadí, citado en el *Haiom Iom*, 17 Adar I

אִין גַן עֵדֶן דֶערְהֶערְט מֶען דִי טַײַערְקַייט פוּן עוֹלָם הַזֶה . . .
מַלְאֲכֵי הַשָּׁרֵת . . . וָואלְטֶען אַלְץ אַװעקְגֶעגֶעבְּן פַאר אַ
אָמֵן יְהֵא שְׁמֵיהּ רַבָּא פוּן אַ אִידֶען, אַז עֶר זָאגְט בְּכָל כֹּחוֹ
כְּפֵרוּשׁוֹ בְּכָל כַּוָנָתוֹ, הַיְינוּ עֶר אִיז אִינְגַאנְצֶען אִין דֶעם.

En los mundos superiores, el valor de este mundo es sumamente apreciado... Los ángeles servidores... dejarían todo a cambio de un “Amén, *iehé shemei rabá* [Amén, que Su gran Nombre sea bendecido],” dicho por un judío con total concentración, es decir, enfocándose totalmente en las palabras.

RABÍ SHNEUR ZALMAN DE LIADÍ *(ALTER REBE)* 1745-1812

Rebe jasídico, autoridad halájica, y fundador del movimiento *Jabad*. El Alter Rebe nació en Liozna, Bielorusia, y fue uno de los principales alumnos del Maguid de Mezeritch. Sus numerosas obras incluyen el *Tania*, un clásico de los fundamentos del jasidismo de *Jabad*, y el *Shuljan Aruj Harav*, un código ampliado de ley judía.

MUJERES REZANDO EN LA SINAGOGA
Maurice Minkowski (1881-1930), acuarela sobre papel

EJERCICIO 4.2

¿Qué pasos prácticos puedo dar para volverme más "angelical"?

SABIO JASÍDICO EN MEDITACIÓN CONTEMPLATIVA (EL CABALISTA)
Ervin B. Nussbaum, tinta y pluma sobre papel, mediados del s. XX, EE.UU.

V. FANTASMAS Y ESPÍRITUS

A continuación, pasaremos a discutir la vida del alma después de la muerte. Exploraremos las enseñanzas judías acerca de a dónde va el alma de la persona después de su fallecimiento, y las legítimas formas de comunicación con los fallecidos.

TEXTO 14

El primer humano

Génesis 2:7

וַיִּיצֶר ה' אֱלֹקִים אֶת הָאָדָם עָפָר מִן הָאֲדָמָה,
וַיִּפַּח בְּאַפָּיו נִשְׁמַת חַיִּים, וַיְהִי הָאָדָם לְנֶפֶשׁ חַיָּה.

Di-s formó al hombre del polvo del suelo e insufló en sus narices una neshamá (alma) de vida. Entonces, el hombre se transformó en un ser viviente.

NESHAMÁ I
Lyssa Harvey, técnicas mixtas y esmaltado en oro, Carolina del Sur, 2018

TEXTO 15

El alma inmortal

Rabí Jizkiahu ben Manoaj, *Jizkuni*, Génesis 2:7

וַיִּפַּח בְּאַפָּיו נִשְׁמַת חַיִּים: בִּנְפִיחָתוֹ שֶׁל הַקָּדוֹשׁ בָּרוּךְ הוּא שֶׁהִיא רוּחַ הַקוֹדֶשׁ, מַה שֶׁלֹּא נָפַח בְּשׁוּם אַף בְּרִיָּה . . . נְשָׁמָה שֶׁהִיא חַיָּה לְעוֹלָם וְאֵינָהּ מֵתָה בְּמוֹת הַגּוּף.

Di-s hizo lo que no había hecho con ninguna otra criatura: ... con Su espíritu santo, insufló en Adán una neshamá inmortal que no perece cuando lo hace el cuerpo.

RAB. JEZKIÁ BEN MANOAJ *(JIZKUNI)* CA. 1250–1310

Rabino y exégeta francés. Su comentario de la Torá, *Jizkuni*, se basa principalmente en la obra de Rashi, y según el testimonio del autor, también hace referencia a 20 fuentes anteriores que fue recopilando durante sus viajes. Se enfoca en dilucidar el significado directo del texto de la Torá.

LOS SOÑADORES
Yoram Raanan

Estaciones del alma

La tradición judía nos enseña que, en el momento de la muerte, el alma espiritual cobra una nueva forma de existencia, proporcional a las acciones de las personas durante su vida.

Esta infografía usa textos clásicos para medir las varias estaciones que puede atravesar un alma.

Gan Eden (Paraíso, Mundo Venidero)

Los justos perfectos pueden ingresar al Gan Eden inmediatamente luego de su fallecimiento y cobran la recompensa espiritual por la obra de su vida.

MAIMÓNIDES, MISHNÁ, SANEDRÍN, CAP. 10, INTRODUCCIÓN

En el Mundo Venidero nuestras almas se volverán sabias con el conocimiento de Di-s, como los ángeles, o aún más sabias. Este deleite no puede ser desglosado ni explicado por ninguna analogía.

A esto se refirió el profeta cuando se encontró anonadado por la elevada magnificencia de ese bien: "Cuán abundante es Tu bondad, la que reservaste para quienes Te temen..." (Salmos 31:20). Nuestros sabios también dijeron: "En el Mundo Venidero, no comemos, no bebemos, no nos lavamos, no ungimos y no procreamos. En cambio, los justos están sentados, sus cabezas adornadas con coronas, y se deleitan en la radiancia de la Presencia Divina" (Berajot 17a).

La expresión "sus cabezas adornadas con coronas" en este pasaje se refiere al conocimiento de Di-s que el alma obtuvo, lo que le otorga su inmortalidad. La expresión "se deleitan en la radiancia de la Presencia Divina" significa que las almas se deleitan en lograr el conocimiento de la verdadera naturaleza de Di-s, tal como lo hacen los ángeles sagrados.

El bien definitivo es alcanzar esta hermandad superna y vivir esta grandiosa y exaltada gloria...

Este es el gran bien con el que nada se compara; porque ¿cómo podría compararse algo eterno e infinito con algo transitorio y limitado? Este es el significado del versículo: "Así te irá bien y se prolongarán tus días" (Deuteronomio 22:7), que los sabios explican es una referencia al Mundo que perdura para siempre (Kidushin 39b).

Guehinom

Las almas que han sido ligeramente manchadas por la transgresión son incapaces de experimentar el deleite espiritual del Gan Eden. Para permitirles llegar al Gan Eden, es necesario un proceso de purificación. Guehinom a menudo se traduce como "infierno" o "purgatorio", pero el concepto judío de Guehinom es radicalmente distinto, quizás es mejor llamarlo "catarsis del alma".

RABÍ SHNEUR ZALMAN DE LIADÍ, *TORÁ OR*, PÁG. 49B

El propósito del Guehinom es refinar el alma y remover de ella cualquier enfermedad contraída. Esto se asemeja al proceso de fundición de la plata, en el que los desechos y los sedimentos se queman en el horno, dejando la plata limpia y libre de impurezas. Similarmente, para que el alma pueda experimentar la luz de los placeres supernos y disfrutar de la radiancia de Di-s, primero debe ser refinada en el fuego [espiritual] del Guehinom, donde lo negativo es purgado de lo positivo.

MISHNÁ, EDUIOT 2:10

La pena máxima de los malvados en el Guehinom es de doce meses.

Reencarnación

Las almas que han sido dañadas severamente por la transgresión pueden recibir una segunda oportunidad en un cuerpo nuevo, como una persona nueva.

RABÍ JAIM VITAL, *SHAAR HAGUILGULIM*, CAP. 16

Que sepas que toda persona debe cumplir todas las 613 *mitzvot*... Si un alma no cumple todas las 613 *mitzvot*—en la acción, habla y pensamiento—debe reencarnarse hasta completarlas todas.

IBÍD., CAP. 14

Si bien en numerosos pasajes de este tratado hemos afirmado que el alma de un individuo específico se reencarnó en una persona en particular, y posteriormente fue re-reencarnada en otro individuo específico, y así sucesivamente, no te equivoques pensando que esto quiere decir que el alma original misma se reencarna repetidamente. En cambio, cada alma humana se separa en numerosas raíces. Cada raíz contiene una cantidad infinita de chispas del alma. En cada reencarnación, un número de estas chispas son rectificadas, ascienden a disfrutar de las recompensas del Cielo, y moran en el nivel particular del Gan Eden apropiado para ellas. Sin embargo, aquellas chispas del alma que no alcanzaron a ser rectificadas se reencarnan para tener otra oportunidad más de rectificación.

Ibur

Ibur *(literalmente, impregnación) es una forma alternativa, parcial, de reencarnación. En este modelo, el alma ingresa en una persona que ya existe, y es alojada allí como un alma secundaria. Las buenas acciones del anfitrión son capaces de rectificar las fallas del alma secundaria—ibur. Alternativamente, el ibur puede ocurrir a fines de ayudar al anfitrión.*

RABÍ JAIM VITAL, *SEFER HAGUILGULIM*, CAP. 5

El concepto de *guilgul*, reencarnación, es que un alma que aún requiere ser rectificada ingresa en el cuerpo de un bebé en el momento en que éste deja el vientre de su madre, y pasa a ser el alma del recién nacido. No tiene permitido abandonar a ese individuo hasta el día de su muerte destinado. Por lo contrario, el concepto de *ibur*, impregnación del alma, es que un alma entra en un cuerpo adulto que ya posee un alma—el alma primaria que la persona recibió en el nacimiento. En este caso, el individuo meramente se ve impregnado con una alma huésped además de su alma primaria; la persona luego carga a su alma adicional, así como una persona carga un niño en su vientre...

Un alma puede experimentar un *ibur* por una de dos razones:

A. El alma impregnada entra en un individuo para su propio bien. En su vida previo, fracasó en el cumplimiento de una mitzvá en particular, por lo tanto, quedó en falta. Esa mitzvá era imposible de cumplir bajo las condiciones de la vida previa...Por lo tanto, no está obligada a una reencarnación completa (como describimos previamente en este tratado), y alcanza con la impregnación del alma.

B. El alma impregnada viene únicamente para asistir a un individuo, para traerle un mérito adicional o para guiar a un individuo en cuestiones de Torá y *mitzvot*. En este caso, el alma impregnada no carece de nada.

Reencarnación no humana

Si la reencarnación regular no fue exitosa, un alma puede ser apresada en una entidad no humana: animales, plantas u objetos inertes. Queda confinada como un prisionero, incapaz de expresarse. Esta dolorosa experiencia sirve como expiación y rectificación para el alma.

RABÍ JAIM VITAL, *SHAAR HAGUILGULIM*, CAP. 4

Cuando un alma humana llega al mundo y se ensucia con el pecado, se reencarna en otro cuerpo para rectificarse a sí misma. Esa segunda vida es su primera reencarnación. Si en esa vida no logra rectificarse, puede regresar en una segunda reencarnación. Si nuevamente no logra rectificarse, puede pasar por una tercera reencarnación. Luego de eso, ya no recibe más oportunidades de rectificación por medio de la reencarnación.

RABÍ NAFTALI HERTZ BACHARACH, *EMEK HAMELEJ, SHAAR TIKUNEI HATESHUVÁ*, CAP. 1

"Mira, todas esas cosas hace Di-s, dos veces; sí, tres veces, con un hombre..." (Job 33:29). La limitación de dos o tres veces aplica a "con un hombre", lo que significa que el alma humana no se reencarna posteriormente en un *cuerpo humano*. En cambio, se le obliga a vagar por el planeta hasta que reencarna en una entidad inerte, vegetal o animal...Luego, después de cumplir con su penitencia, hay esperanzas para su futuro, pues la misericordia ilimitada de Di-s se extiende a Todas sus creaciones.

TEXTO 16

El alma errante

Rabí Jaim Vital, *Shaar Ruaj Hakodesh*, pág. 30b

יֵשׁ לִפְעָמִים נֶפֶשׁ אֵיזֶה אָדָם רָשָׁע שֶׁנַּפְשׁוֹ אֵינָהּ יְכוֹלָה לִכָּנֵס בְּגֵיהִנּוֹם עֲדַיִן מֵרֹב עֲוֹנֹתָיו, וְהוֹלֵךְ נָע וָנָד, וְנִכְנַס לִפְעָמִים בְּגוּף אֵיזֶה אָדָם אוֹ אִשָּׁה וְכוֹפֶה אוֹתוֹ, וְנִקְרָא חֹלִי הַנּוֹפֵל . . .

הָיִיתִי לוֹקֵחַ זְרוֹעוֹ שֶׁל הָאִישׁ הַהוּא וּמֵשִׂים יָדִי עַל הַדֹּפֶק שֶׁלּוֹ . . . וּבְעוֹדִי מַחֲזִיק בְּיָדוֹ בַּדֹּפֶק אֲנִי אוֹמֵר זֶה הַפָּסוּק בְּיֹשֶׁר וּלְמַפְרֵעַ, וּמְכַוֵּן בְּאֵלּוּ הַשֵּׁמוֹת הַיּוֹצְאִים מִמֶּנּוּ, הֵן בְּמִסְפַּר כָּל תֵּבָה וְתֵבָה, הֵן בְּרָאשֵׁי תֵּבוֹתָיו, הֵן בְּסוֹפֵי תֵּבוֹתָיו, כְּמוֹ שֶׁיָּדַעְתָּ.

וְעַל יְדֵי זֶה אֲנִי מְכַוֵּן שֶׁיֵּצֵא, וְאָז הוּא מְדַבֵּר מִתּוֹךְ הַגּוּף כָּל מָה שֶׁתִּשְׁאַל מִמֶּנּוּ וּתְצַוֵּהוּ לָצֵאת, וְלִפְעָמִים צָרִיךְ לִתְקֹעַ שׁוֹפָר סָמוּךְ לְאָזְנוֹ.

Ocasionalmente, el alma de una persona malvada no tiene permitido entrar al Guehinom, debido a sus muchas transgresiones, y deambulará por los mundos hasta entrar en el cuerpo de un hombre o una mujer. Este espíritu posee a la persona y causa convulsiones violentas...

Para curar a la persona poseída, yo tomo su brazo y mido su pulso... Simultáneamente, recito un versículo específico en varias formas y medito sobre los nombres Divinos que forman los distintos arreglos de las letras.

Mientras hago eso, me concentro mentalmente en quitar el espíritu de la persona. Entonces, el espíritu

RAB. JAIM VITAL
CA. 1542–1620

Cabalista luriánico y autor. Rab Vital nació en Israel, vivió en Tzfat, luego en Jerusalén, y posteriormente en Damasco. Su maestro, Rab. Itzjak Luria (el Arizal), lo autorizó a registrar sus enseñanzas. De acuerdo a su mandato, Vital comenzó a compilar las enseñanzas de su maestro en forma escrita, y sus numerosas obras constituyen los fundamentos de la escuela luriánica de misticismo judío. Su obra más famosa es el *Etz Jaím*.

habla desde el cuerpo y responde cualquier pregunta que se le realiza. Entonces, le ordeno que salga del cuerpo. A veces es necesario tocar el Shofar cerca de la oreja de la persona afectada.

TEXTO 17A

No hagan Ov

Levítico 19:31

אַל תִּפְנוּ אֶל הָאֹבֹת.

No acudan a la práctica de Ov.

UN ALMA ERRANTE
Meled Taouk, acrílico sobre lienzo, Australia, 2016

TEXTO 17B

Definiendo Ov

Maimónides, *Mishné Torá*, Leyes de la Idolatría 6:1–2

כֵּיצַד הוּא מַעֲשֵׂה הָאוֹב? זֶה שֶׁהוּא עוֹמֵד וּמַקְטִיר קְטֹרֶת יְדוּעָה, וְאוֹחֵז שַׁרְבִיט שֶׁל הֲדַס בְּיָדוֹ וּמְנִיפוֹ, וְהוּא מְדַבֵּר בַּלָּאט בִּדְבָרִים יְדוּעִים אֶצְלָם, עַד שֶׁיִּשְׁמַע הַשּׁוֹאֵל כְּאִלּוּ אֶחָד מְדַבֵּר עִמּוֹ וּמְשִׁיבוֹ עַל מָה שֶׁהוּא שׁוֹאֵל בִּדְבָרִים מִתַּחַת הָאָרֶץ בְּקוֹל נָמוּךְ עַד מְאֹד, וּכְאִלּוּ אֵינוֹ נִכָּר לָאֹזֶן, אֶלָּא בְּמַחֲשָׁבָה מַרְגִּישׁ בּוֹ.

וְכֵן הַלּוֹקֵחַ גֻּלְגֹּלֶת הַמֵּת וּמַקְטִיר לָהּ וּמְנַחֵשׁ בָּהּ, עַד שֶׁיִּשָּׁמַע כְּאִלּוּ קוֹל יוֹצֵא מִתַּחַת שֶׁחְיוֹ שָׁפֵל עַד מְאֹד וּמְשִׁיבוֹ.

כָּל אֵלּוּ מַעֲשֵׂה אוֹב הֵן . . . וְכָל אֵלּוּ מִינֵי עֲבוֹדַת כּוֹכָבִים הֵן, וְאַזְהָרָה שֶׁלָּהֶן מִנַּיִן? שֶׁנֶּאֱמַר: אַל תִּפְנוּ אֶל הָאֹבֹת וְגוֹ'.

¿Qué conlleva la práctica de Ov? El practicante de Ov se pone de pie y ofrenda inciensos con ingredientes específicos. Sostiene un ramo de mirto en su mano y la agita, susurrando un conjuro determinado en voz baja. Esto continúa hasta que la persona realizando la pregunta escucha una voz, como si otra persona le estuviera hablando y contestando sus preguntas. Parece como que las palabras vienen desde abajo de la tierra en un tono muy grave, al punto tal que no puede ser percibido por el oído, sino solamente por la mente.

Otro método Ov implica tomar la calavera de un cadáver, ofrecerle incienso, y recitarle conjuros hasta que se escucha una voz en un tono muy grave emanando de sus axilas que responde a sus preguntas.

Estas son formas de Ov... y son tipos de idolatría. Se nos advierte en contra de estas prácticas en el versículo: “No acudan a la práctica de Ov” (LEVÍTICO 19:31).

TEXTO 18

Shaul y la médium de Ov

I Samuel 28:7–17

וַיֹּאמֶר שָׁאוּל לַעֲבָדָיו, בַּקְּשׁוּ לִי אֵשֶׁת בַּעֲלַת אוֹב וְאֵלְכָה אֵלֶיהָ וְאֶדְרְשָׁה בָּהּ, וַיֹּאמְרוּ עֲבָדָיו אֵלָיו הִנֵּה אֵשֶׁת בַּעֲלַת אוֹב בְּעֵין דּוֹר.

וַיִּתְחַפֵּשׂ שָׁאוּל וַיִּלְבַּשׁ בְּגָדִים אֲחֵרִים, וַיֵּלֶךְ הוּא וּשְׁנֵי אֲנָשִׁים עִמּוֹ וַיָּבֹאוּ אֶל הָאִשָּׁה לָיְלָה, וַיֹּאמֶר קָסֳמִי נָא לִי בָּאוֹב, וְהַעֲלִי לִי אֵת אֲשֶׁר אֹמַר אֵלָיִךְ . . .

וַתֹּאמֶר הָאִשָּׁה אֶת מִי אַעֲלֶה לָּךְ, וַיֹּאמֶר אֶת שְׁמוּאֵל הַעֲלִי לִי.

וַתֵּרֶא הָאִשָּׁה אֶת שְׁמוּאֵל . . . וַיֹּאמֶר לָהּ הַמֶּלֶךְ אַל תִּירְאִי כִּי מָה רָאִית . . .

וַתֹּאמֶר אִישׁ זָקֵן עֹלֶה וְהוּא עֹטֶה מְעִיל, וַיֵּדַע שָׁאוּל כִּי שְׁמוּאֵל הוּא וַיִּקֹּד אַפַּיִם אַרְצָה וַיִּשְׁתָּחוּ.

וַיֹּאמֶר שְׁמוּאֵל אֶל שָׁאוּל לָמָּה הִרְגַּזְתַּנִי לְהַעֲלוֹת אֹתִי.

SAMUEL

Libro bíblico. El libro de Samuel relata la historia del pueblo judío durante la vida del profeta Samuel y los reinados de los primeros reyes judíos, Saul y David, en los siglos X y IX AEC. Samuel describió los acontecimientos ocurridos durante su vida y el libro fue completado por los profetas Gad y Natan. El libro posteriormente fue dividido en dos volúmenes, pero se trata esencialmente de un solo libro.

וַיֹּאמֶר שָׁאוּל צַר לִי מְאֹד, וּפְלִשְׁתִּים נִלְחָמִים בִּי.
וֵאלֹקִים סָר מֵעָלַי, וְלֹא עָנָנִי עוֹד גַּם בְּיַד הַנְּבִיאִים
גַּם בַּחֲלֹמוֹת, וָאֶקְרָאֶה לְךָ לְהוֹדִיעֵנִי מָה אֶעֱשֶׂה.

וַיֹּאמֶר שְׁמוּאֵל וְלָמָּה תִּשְׁאָלֵנִי, וַה' סָר מֵעָלֶיךָ
וַיְהִי עָרֶךָ. וַיַּעַשׂ ה' לוֹ כַּאֲשֶׁר דִּבֶּר בְּיָדִי, וַיִּקְרַע
ה' אֶת הַמַּמְלָכָה מִיָּדֶךָ וַיִּתְּנָהּ לְרֵעֲךָ לְדָוִד.

Shaul les dijo a sus servidores: “Buscadme una mujer que sea médium de Ov, para que pueda ir a consultarla.” “Hay una en Ein-dor” le dijeron.

Shaul se disfrazó, poniéndose vestimentas ajenas, y por la noche acudió con otros dos hombres a la mujer. “Practica Ov para mí,” le dijo, “y conjúrame a aquel que yo te diré.” ...

La mujer preguntó: “¿A quién he de traerte?”

“Tráeme a Shmuel,” le respondió.

Cuando la mujer vio a Shmuel, ... el rey le dijo: “No temas. ¿Qué estás viendo?” ...

“Está subiendo un anciano vistiendo una túnica,” le dijo ella.

Shaul se dio cuenta de que se trataba de Shmuel, se inclinó con el rostro a tierra y se prosternó.

Shmuel le dijo a Shaul, “¿Para qué me has perturbado, haciéndome subir?”

"Estoy en problemas," le respondió Shaul. "Los filisteos están luchando contra mí, y Di-s se ha apartado de mí. Ya no me responde, ni por medio de los profetas ni por medio de los sueños. Por lo tanto, te he llamado para que me hagas saber qué debo hacer."

Le dijo Shmuel: "¿Por qué me consultas, ahora que Di-s se ha apartado de ti y apoya a tu adversario? Di-s ha hecho lo que predijo a través de mí. Te ha quitado el reino de tu mano y se lo ha dado a tu sucesor—a David."

El rey David tocando el arpa. Panel de letra inicial en el *Pentateuco Alemán del Duque de Sussex*, Alemania, alrededor de 1300. (Biblioteca Británica, Londres)

TEXTO 19

Interpretaciones alternativas

Rabí David Kimji, I Samuel 28:24

פֵּרוּשׁ רַב שְׁמוּאֵל בֶּן חָפְנִי הַגָּאוֹן זַ"ל, וְאָמַר: אַף עַל פִּי שֶׁמַּשְׁמָעוּת דִּבְרֵי הַחֲכָמִים זַ"ל בַּגְּמָרָא כִּי אֱמֶת הָיָה שֶׁהֶחְיְתָה הָאִשָּׁה אֶת שְׁמוּאֵל, לֹא יְקַבְּלוּ הַדְּבָרִים בְּמָקוֹם שֶׁיֵּשׁ מַכְחִישִׁים לָהֶם מִן הַשֵּׂכֶל.

אֲבָל רַב סְעַדְיָה וְרַב הַאי הַגְּאוֹנִים זַ"ל אָמְרוּ: אֱמֶת הוּא, כִּי רָחוֹק הִיא שֶׁתֵּדַע הָאִשָּׁה הָעֲתִידוֹת וְכֵן שֶׁתְּחַיֶּה הִיא אֶת הַמֵּת בְּחָכְמַת הָאוֹב, אַךְ הַבּוֹרֵא יִתְבָּרַךְ הֶחְיָה אֶת שְׁמוּאֵל כְּדֵי לְסַפֵּר לְשָׁאוּל אֶת כָּל הַקּוֹרוֹת הָעֲתִידוֹת לָבֹא עָלָיו.

Rabí Shmuel ben Jofni escribió que, a pesar de que la implicancia de la discusión talmúdica de la historia de Shaul y la practicante de Ov es que la mujer verdaderamente trajo a Shmuel, esta forma de entenderlo es lógicamente insostenible y no puede ser aceptada.

Rabí Saadia Gaón y Rabí Hai Gaón explicaron esta historia de forma distinta. Escribieron que, si bien es ciertamente imposible que la mujer haya predicho el futuro o traído a Shmuel por medio de la práctica de Ov, en este caso Di-s fue quien trajo a Shmuel para contarle los futuros acontecimientos a Shaul.

RAB. DAVID KIMJI *(RADAK)* 1160–1235

Gramático medieval provenzal, y exégeta bíblico. Rab. Kimji escribió una exhaustiva exposición de gramática judía llamada Miklol, y un diccionario bíblico: *Sefer Hashorashim*. Es mayormente conocido por sus comentarios bíblicos clásicos.

FIGURA 4.1

Los componentes del alma

COMPONENTE	FUNCIÓN	PARTIDA
NEFESH	posibilita la vida física/biológica	La tumba
RUAJ	posibilita las emociones humanas	Gan Eden (Paraíso)

Panel de letra inicial del libro de Samuel, en un manuscrito italiano iluminado de los Profetas, copiado en el s. XIV. (Biblioteca Británica, Londres).

TEXTO 20

Sentimientos del alma

Zohar, vol. 2, pág. 141b

נֶפֶשׁ דָא אִשְׁתַּכְּחַת גוֹ קִבְרָא . . . לְאִשְׁתַּכְּחָא
גוֹ חַיָּיא וּלְמִנְדַע בְּצַעֲרָא דִלְהוֹן, וּבְשַׁעֲתָא
דִי אִצְטְרִיכוּ, בָּעאַת רַחֲמֵי עֲלַיְיהוּ . . .

וְכַד אִצְטְרִיךְ לִבְנֵי עָלְמָא, כַּד אִינוּן בְּצַעֲרָא וְאָזְלֵי לְבֵי
קִבְרֵי, הַאי נֶפֶשׁ אִתְעָרַת וְאִיהִי אָזְלָא וּמְשַׁטְטָא וְאִתְעָרַת
לְרוּחַ . . . וּכְדֵין קוּדְשָׁא בְּרִיךְ הוּא חַיִּיס עַל עָלְמָא.

El *nefesh* permanece en la tumba . . . Debido a que permanece entre los vivos, conoce su dolor. En su tiempo de necesidad, le suplica [a Di-s] por misericordia en su nombre....

Cuando los habitantes del mundo están necesitados, cuando están tristes y visitan el cementerio, el *nefesh* despierta [ante sus apuros]. Asciende y despierta al *ruaj* [que, a su vez, le pide a Di-s por misericordia]. ... Consecuentemente, Di-s tiene misericordia sobre el mundo.

TEXTO 21

Regalos

Rabí Aharon de Karlin, citado en *Nitei Gavriel*, Leyes del Duelo, vol. 2, pág. 291

כְּשֶׁהַבֵּן אוֹמֵר קַדִּישׁ עַל אָבִיו אוֹ אִמּוֹ, הֲרֵי זֶה כְּמוֹ שֶׁשָּׁלַח לָהֶם פְּרִיסַת שָׁלוֹם. כְּשֶׁלּוֹמֵד פֶּרֶק מִשְׁנָיוֹת בַּעֲדָם, הֲרֵי זֶה כְּמוֹ שֶׁשָּׁלַח לָהֶם אִגֶּרֶת. וּכְשֶׁמְקַיֵּם מִצְווֹת וּמַעֲשִׂים טוֹבִים לְטוֹבַת נִשְׁמָתָם, הֲרֵי זֶה כְּמוֹ שֶׁשָּׁלַח לָהֶם חֲבִילָה שְׁלֵמָה.

Cuando los hijos dicen Kadish por su padre o madre, es como mandarles saludos. Cuando estudian un capítulo de la Mishná en su nombre, es como enviarles una carta. Y cuando cumplen *mitzvot* y buenas acciones en beneficio del alma, es como enviarles un gran regalo.

RAB. AHARON DE KARLIN 1736–1772

Rebe jasídico. Rab. Aharon fue uno de los discípulos del Rab. Dov Ber de Mezeritch Se lo conocía como Rab. Aharon el Grande, y fue uno de los pioneros del jasidismo en Lituania. Se caracterizaba por rezar de manera extasiada y fervorosa, y por su dedicación y cuidado de los necesitados. Es el compositor del himno de Shabat, *Kaj Ejsof*.

KADISH IATOM (KADISH DEL DEUDO)
Marlene Burns, técnicas mixtas, Arizona, 2009

Extraterrestres: Fuentes y actitudes judías

FUENTES CLÁSICAS

Jueces 5:1, 23

En ese día, Deborá y Barak, hijo de Avinoam, cantaron esta canción...

"Maldecid a Meroz" dijo Barak, el mensajero de Di-s. "Maldecid amargamente a su gente, porque no vinieron a ayudar al pueblo de Di-s, a ayudarlos contra los poderosos."

Talmud, Moed Katan 16a

Algunos dicen que Meroz era una persona poderosa [y "su gente" se refiere a los seguidores de esta persona]. Otros sostienen que se trata de un cuerpo celestial [y "su gente" se refiere a los habitantes de este cuerpo].

AUTORIDADES TEMPRANAS

Rabí Iehuda Barceloni, comentario al *Sefer Ietzirá* (Tel Aviv, Israel: publicado privadamente, 2007), págs. 226–227

¿Qué significa que Di-s "vuela entre dieciocho mil mundos" por la noche? Di-s creó todos estos mundos, y todos están llenos de Su gloria y dependen de Él para su existencia, tal como nuestro mundo. Entonces, ¿qué quiere decir que Su gloria vuela allí por la noche?

No he visto ninguna explicación de este pasaje por los rabinos, así que intentaré explicarlo lo mejor posible.

Quizás esto significa que nuestro mundo es el favorito ante los ojos de Di-s, en comparación con todos los demás mundos, porque quizás la Torá no fue entregada en los demás mundos. Ésta podría ser la razón por la cual Di-s favorece nuestro mundo, juzgándolo, administrándolo y cuidándolo todo el día... E incluso, si fueras a afirmar que la Torá fue entregada en todos los dieciocho mil mundos, aún deberíamos decir que nuestro mundo es el favorito de Di-s.

Alternativamente, es posible que estos dieciocho mil mundos no son habitados por vida capaz de pecar, como en el caso de nuestro mundo. Quizás estas criaturas son ángeles y espíritus que Di-s creó por Su gloria, o seres similares, y se encuentran libres del pecado pues no poseen inclinación al mal. Esto podría explicar por qué Di-s en Su gran misericordia y bondad se ocupa todo el día de nuestro mundo, porque poseemos una inclinación al mal que nos conduce a la transgresión, y necesitamos el perdón compasivo de Di-s. ...

He explicado esta enseñanza lo mejor que pude, pero no queda claro si es una enseñanza aceptada. Además, nuestros rabinos nunca nos explicaron si estos mundos contienen creaciones con inclinación negativa como nosotros, o si son como los ángeles. Y, si son como los ángeles, ¿por qué necesitarían mundos como el nuestro? Les alcanzaría con los cielos. No queda claro todo este tema, así que no puedo explicar la cuestión adecuadamente.

Rabí David Nieto, HaKuzari Hasheni, Vikuaj Revií, págs. 135–138

El rey: "Me encantaría saber si crees lo que dicen los eruditos no judíos, que los planetas son mundos inhabitados."

El rabino: "Esta afirmación es perfectamente aceptable para mí... Así debemos relacionarnos con las enseñanzas de los eruditos no judíos: ... en cuestiones que no contradicen la Torá en lo absoluto, somos libres de creer o rechazar sus posturas según dicta nuestra razón."

"Dado que no hay daño posible en creer que todos los planetas, sin importar qué esfera ocupan, son mundos que contienen todo tipo de criaturas vivas, yo sostengo fuertemente la precisión de esta postura. Incluso es posible que nuestros rabinos, bendita sea su memoria, hayan tenido esto en mente al escribir al final del Tratado de Uktzin que 'Di-s le regalará 310 mundos a cada persona justa.'"

El rey: "Estas palabras de los sabios no pueden ser prueba suficiente. Quizás se estaban refiriendo a los mundos espirituales."

El rabino: "Por eso es que dije que era posible que esa fuera la intención de los sabios, en lugar de afirmarlo con certeza."

EL VALOR DE LA EXPLORACIÓN

Velvl Greene, "El Rebe y el científico: buscando vida en Marte," chabad.org

En el año 1960, comencé a trabajar para la NASA como parte de la División de Cuarentena Planetaria, que en ese entonces tenía la misión de buscar vida en Marte. El Rebe estaba muy, muy interesado en el trabajo que yo hacía...

En ese entonces—hablo de principios de los 1970—cuando se difundió que yo estaba trabajando en la NASA, buscando vida en Marte, algunos judíos religiosos solían reprenderme. Decían: "No debes hacer eso. No debes trabajar en el programa de biología espacial o de exobiología, porque va en contra de la Torá. No deberías hacer este tipo de trabajo." Dado que en este punto yo ya había comenzado mi viaje a la práctica judía, sus palabras me preocuparon—¿acaso estaba haciendo algo malo?

[Le pregunté al Rebe si esto era en verdad así.] El Rebe no respondió inmediatamente. Pensó durante un tiempo, y luego dijo lo siguiente: "Deberías buscar vida en Marte, y seguir buscando vida en Marte. Si no la encuentras, sigue buscando en otro lado, y no dejes de buscar, porque sentarse en este mundo y decir que no hay vida en ningún otro lado es limitar lo que Di-s es capaz de hacer. ¡Y nadie puede hacer eso!"

El Rebe, Rabi Menajem Mendel Schneerson, *Igrot Kodesh* 31, pág. 287

En respuesta a tu pregunta sobre la postura de la Torá en cuanto a la posibilidad de vida en otros planetas: no veo una contradicción entre la vida extraterrestre y la Torá...

Si bien contesté tu pregunta, debo admitir que lo hice sin mucho entusiasmo. Esto es comparable a una situación en la que una persona se encuentra peligrosamente enferma, o una casa se está incendiando, y en lugar de ocuparse de salvar al paciente o de apagar el fuego, la gente está deliberando sobre profundas preguntas teóricas sobre el cosmos. Estas preguntas no harán nada para salvar al paciente o apagar el fuego.

En esa situación nos encontramos ahora, en nuestra era de confusión. En nuestros tiempos, la juventud judía está buscando un camino, y no encuentran el camino de la Torá y sus preceptos, que es el camino de la vida verdadera...

Esta situación no está allí en algún lado en los cielos y los planetas, ni en un rincón lejano de la tierra. Esto ocurre en tu entorno y el entorno de tus amigos en Milán, y es una cuestión de vital importancia.

Di-s nos promete que cuando nos esforzamos verdaderamente en este aspecto, seremos exitosos.

UNA PERSPECTIVA CONTEMPORÁNEA

El Rebe, Rabí Menajem Mendel Schneerson, citado en *Mente sobre materia*, Rabí Joseph Ginsburg y Prof. Herman Branover; editado por Arnie Gotfryd (Brooklyn, Nueva York: F.R.E.E. Publishing House, 2003), págs. 307–308

Según la Torá, puede existir la vida extraterrestre. De hecho, el Talmud lo menciona. Sin embargo, civilizaciones, lo que significaría seres inteligentes, son otra historia.

Según la Torá, una cualidad que define la vida inteligente es—tal como en el caso del hombre—la presencia del libre albedrío. Además, la existencia del libre albedrío y la capacidad del hombre de utilizarlo es solamente posible gracias a la Torá.

Por lo tanto, si fuéramos a asumir que existe la vida inteligente en otra parte del universo, ellos también deberían tener la Torá. Y eso es imposible. No pueden tener su propia—y distinta—Torá, porque la Torá es verdad, y solo existe una verdad. Sin embargo, también es imposible asumir que tienen nuestra misma Torá. Después de todo, la historia de cómo se entregó la Torá al pueblo judío aquí en la tierra es descripta muy detalladamente. Enfocamos mucha atención sobre estos detalles porque son importantes para nuestra comprensión de la Torá. En otras palabras, según el punto de vista del judaísmo, es posible que haya vida en otras partes del universo, pero sociedades de vida inteligente parecidas a las de los humanos no existen en ninguna parte más que en la tierra.

VI. CONCLUSIÓN

Antes de concluir nuestro viaje de cuatro clases por medio del extraño y maravilloso mundo de lo paranormal, vamos a completar un ejercicio de resumen de lo aprendido.

EJERCICIO 4.3

Ejercicio de cierre

Resume brevemente un mensaje práctico que te llevas de cada una de las cuatro clases de este curso.

Clase 1: Los sueños

Clase 2: La astrología

Clase 3: Las maldiciones y el mal de ojos

Clase 4: Ángeles, demonios y espíritus

PUNTOS CLAVE

1 Los ángeles son entidades espirituales que carecen de autoridad independiente. Ellos procesan y transmiten nuestros rezos hacia Di-s, y lo mismo hacen con Su flujo de bendiciones hacia nosotros. Como seres independientes creados a imagen de Di-s, con el regalo del libre albedrío nosotros, los humanos tenemos la relación más significativa con Di-s.

2 Muchas fuentes judías aceptan la existencia de demonios—fuerzas espirituales impuras que causan daños. Estas fuerzas no son autónomas, y no pueden hacer nada que vaya más allá del sistema de justicia de Di-s. Otras autoridades judías consideran que los demonios son un fenómeno puramente psicológico.

3 Los ángeles y los demonios son definidos por su mentalidad: los ángeles están centrados en Di-s y son altruistas, mientras que los demonios son egocéntricos y egoístas. Nosotros, los humanos, tenemos la capacidad única de elegir si tendremos una actitud angelical o la inversa.

4 El alma humana es eterna y continúa existiendo después de la muerte. La Torá nos prohíbe practicar cualquier tipo de ritual destinado a comunicarnos directamente con los espíritus de los muertos. Sin embargo, las almas de nuestros seres queridos fallecidos continúan queriéndonos y podemos tener una relación con ellas cumpliendo *mitzvot* en su honor.

APÉNDICE

TEXTO 22

Soñando con los ángeles

Maimónides, Guía de los perplejos 2:42

כָּל מָקוֹם שֶׁנִּזְכַּר בּוֹ רְאִיַּת מַלְאָךְ אוֹ דִבּוּרוֹ,
שֶׁזֶּה אָמְנָם הוּא בְּמַרְאֶה הַנְּבוּאָה אוֹ בַּחֲלוֹם.

En todo lugar que la Torá menciona la aparición o discurso de un ángel, se refiere de hecho a una visión profética o a un sueño.

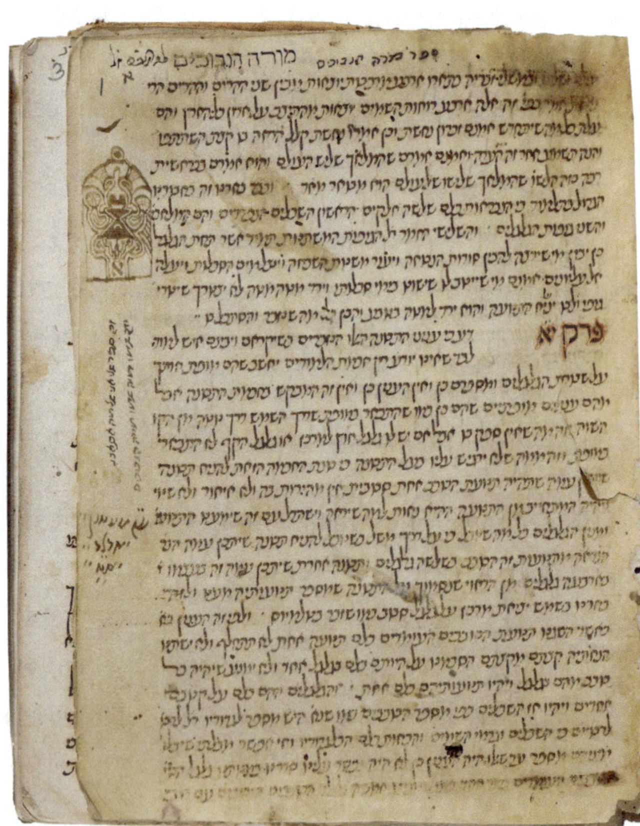

Página de una copia manuscrita de la *Guía de los perplejos* de Maimónides. Producida en 1399, el manuscrito está incompleto y comienza varios capítulos después del inicio. (JTSA, Nueva York)

TEXTO 23

Ángeles de mitzvot

Maimónides, *Mishné Torá*, Leyes de *Tefilin, Mezuzá*, y *Sefer Torá* 6:13

אָמְרוּ חֲכָמִים הָרִאשׁוֹנִים: כָּל מִי שֶׁיֵּשׁ לוֹ תְּפִלִּין בְּרֹאשׁוֹ וּבִזְרוֹעוֹ וְצִיצִית בְּבִגְדוֹ וּמְזוּזָה בְּפִתְחוֹ - מֻחְזָק הוּא שֶׁלֹּא יֶחֱטָא, שֶׁהֲרֵי יֵשׁ לוֹ מַזְכִּירִין רַבִּים, וְהֵן הֵם הַמַּלְאָכִים שֶׁמַּצִּילִין אוֹתוֹ מִלַּחְטֹא, שֶׁנֶּאֱמַר: "חֹנֶה מַלְאַךְ ה' סָבִיב לִירֵאָיו וַיְחַלְּצֵם" (תְּהִלִּים לד, ח).

Los sabios nos enseñan que la gente que se pone los *tefilin* en su cabeza y brazo, se visten con *tzitzit, y tienen mezuzá* en sus entradas, puede asegurarse de que no pecarán, porque tienen muchos que le recordarán lo contrario. Se trata de los ángeles que protegen a la gente de la transgresión, como afirma el versículo: "Un ángel de Di-s asienta campamento en torno de aquellos que Le temen, y los salva" (SALMOS 34:8).

REZO JUDÍO I
Yossi Rosenstein, acrílico sobre lienzo, Israel, 2022

Agradecimientos

Agradecemos a las siguientes personas por sus contribuciones a este curso:

Director
RAB. SHMULY KARP

Coordinatora
RIVKI MOCKIN

Coordinador Internacional
RAB. MENDEL GLAZMAN

Administratora
NAOMI HEBER

Autor
RAB. SHMUEL SUPER

Editor
RAB. MORDECHAI DINERMAN

Junta Editorial
RAB. YANKI DENBURG
RAB. MENACHEM FELDMAN
RAB. YOCHONON GOLDMAN
RAB. YAKOV LATOWICZ
RAB. SHOLOM NOTIK

Investigación
RAB. YAKOV GERSHON

Redactores Creativo
RAB. YONI BROWN
RAB. ELI BLOCK
RAB. YAAKOV PALEY

Corrección de Textos
RACHEL MUSICANTE
YA'AKOVAH WEBER

Puntuación Hebrea
RAB. MOSHE WOLFF

Soporte del Instructor
RAB. ISAAC ABELSKY
RAB. LEVI GOLDSHMID

Administradora de Diseño
SARA OSDOBA

Diseño gráfico y marketing
CHAYA MUSHKA KANNER
ESTIE RAVNOY
CHANIE SHEMTOV
RAB. LEVI WEINGARTEN

Diseño de Mauales
RIVKY FIELDSTEEL
SHAYNA GROSH
RAB. MOTTI KLEIN

Traducción
MICHELLE FRENKEL CHOMSKI

Imagenes
SARA ROSENBLUM

Permisos
SHULAMIS NADLER

Publicación y Distribución
RAB. LEVI GOLDSHMID
RAB. MENDEL SIROTA

Presentaciones PowerPoint
ESTY GEISINSKY

Videos
REB. GETZY RASKIN
REB. MOSHE RASKIN

Key Points Videos
RAB. MOTTI KLEIN

Estamos inmensamente agradecidos al ánimo que nos da el visionario presidente de JLI y vicepresidente de Mercaz Leinianei Jinuj – Sede Mundial de Lubavitch, el **Rab. Moshe Kotlarsky**. El Rab. Kotlarsky ha sido una pieza fundamental en la construcción de la infraestructura para la expansión internacional de la red internacional de Jabad, y crea montones de iniciativas y servicios para ayudar a que los representantes de Jabad alrededor del mundo puedan cumplir con su misión.

Es una bendición contar con el apoyo incondicional del principal benefactor de JLI, el **Sr. George Rohr**, quien invierte plenamente en nuestro trabajo, quien ocupa un lugar indispensable en la expansión monumental de la organización, y es en gran parte el responsable del renacimiento judío encabezado por JLI y sus afiliados alrededor del mundo.

El compromiso y sabia dirección de la devota junta ejecutiva de JLI—compuesta por los **rabinos Chaim Block**, **Hesh Epstein**, **Ronnie Fine**, **Yosef Gansburg**, **Shmuel Kaplan**, **Yisrael Rice**, y **Avrohom Sternberg**—y las incontables horas que dedican al desarrollo de JLI, son lo que hace posible el cumplimiento de la visión, crecimiento y gran éxito de la organización.

Finalmente, JLI representa una increíble sociedad de más de 1.000 *shlujim* y *shlujot*, en más de mil ubicaciones alrededor del mundo, quienes entregan su tiempo y sus talentos para promover la educación judía para adultos. Les agradecemos por compartir sus opiniones, por aconsejarnos, y por realizar aportes que encaminan el desarrollo y el crecimiento de JLI. Son nuestros críticos más valiosos y nuestros contribuyentes más preciados.

Inspirado por el llamado **del Rebe**, la tarea del Rohr JLI es brindar una comunidad de aprendizaje para todos los judíos alrededor del mundo, por medio de la cual puedan experimentar el estudio de Torá, su patrimonio, y vivir sus recompensas. ¡Que este curso pueda tener éxito en el cumplimiento de esta sagrada misión!

En nombre del Instituto Rohr de Aprendizaje Judío,

RAB. EFRAIM MINTZ
Director Ejecutivo

RAB. YISRAEL RICE
Presidente de la Junta Editorial

10 Shvat, 5783

The Rohr Jewish Learning Institute

CURRICULUM DEVELOPMENT

Rabbi Mordechai Dinerman
Rabbi Naftali Silberberg
EDITORS IN CHIEF

Rabbi Shmuel Klatzkin, PhD
ACADEMIC CONSULTANT

Rabbi Yanki Tauber
SENIOR EDITOR

Rabbi Levi Bendet
Rabbi Eli Block
Rabbi Yoni Brown
Rabbi Eliezer Gurkow
Rabbi Berel Polityko
Rabbi Levi Shmotkin
Rabbi Shmuel Super
Rabbi Menashe Wolf
CURRICULUM AUTHORS

Rabbi Ahrele Loschak
EDITOR, TORAH STUDIES

Rabbi Yaakov Paley
Rabbi Boruch Werdiger
WRITERS

Rabbi Mendel Glazman
Rabbi Moshe Wolff
EDITORIAL SUPPORT

Rabbi Yakov Gershon
RESEARCH

Rabbi Michoel Lipskier
Rabbi Mendel Rubin
EXPERIENTIAL LEARNING

Mrs. Rivki Mockin
CONTENT COORDINATOR

MARKETING AND BRANDING

Mr. David Kaplan
CHIEF MARKETING OFFICER

Mendel Backman
Risa Bursk
Lazer Cohen
Tova Farro
Yosef Feigelstock
Tzivi Gorowitz
Menachem Klein
Chanie Shemtov
Basya Stevenson
Baila Vogel
MARKETING AND SOCIAL MEDIA

Mendel Jacobson
Avi Webb
BRAND COPYWRITERS

Ms. Sara Osdoba
DESIGN ADMINISTRATOR

Mrs. Chaya Mushka Kanner
Ms. Chaya Mintz
Ms. Estie Ravnoy
Mrs. Shifra Tauber
Rabbi Levi Weingarten
GRAPHIC DESIGN

Mrs. Rivky Fieldsteel
Mrs. Shayna Grosh
Rabbi Motti Klein
Rabbi Zalman Korf
Rabbi Moshe Wolff
PUBLICATION DESIGN

Rabbi Yaakov Paley
COPYWRITER

Rabbi Yossi Grossbaum
Rabbi Mendel Lifshitz
Rabbi Shraga Sherman
Rabbi Ari Sollish
Rabbi Mendel Teldon
MARKETING COMMITTEE

MARKETING CONSULTANTS

Alan Rosenspan
ALAN ROSENSPAN & ASSOCIATES
Sharon, MA

Gary Wexler
PASSION MARKETING
Los Angeles, CA

JLI CENTRAL

Rabbi Isaac Abelsky
Rabbi Levi Goldshmid
Ms. Mushka Majeski
Ms. Mimi Rabinowitz
Rabbi Avremi Rapoport
Mrs. Aliza Scheinfeld
Mrs. Orah Smith
Rabbi Menashe Treitel
ADMINISTRATION

Ms. Liba Leah Gutnick
Rabbi Motti Klein
Mrs. Sara Rosenblum
Rabbi Shlomie Tenenbaum
PROJECT MANAGERS

Mrs. Mindy Wallach
AFFILIATE ORIENTATION

Rabbi Mendel Backman
Ms. Tova Farro
Mrs. Esty Geisinsky
Rabbi Motti Klein
Getzy Raskin
Moshe Raskin
Mrs. Chanie Shemtov
MULTIMEDIA DEVELOPMENT

Rabbi Mendel Ashkenazi
Yoni Ben-Oni
Rabbi Mendy Elishevitz
Mendel Grossbaum
Ms. Dani Hess
Ms. Mushkie Osdoba
Rabbi Aron Liberow
Mrs. Chana Weinbaum
ONLINE DIVISION

Mrs. Ya'akovah Weber
LEAD PROOFREADER

Mrs. Rachel Musicante
Mrs. Pamela Russ
PROOFREADERS

Rabbi Levi Goldshmid
Rabbi Mendel Sirota
PRINTING AND DISTRIBUTION

Mrs. Musie Liberow
Mrs. Shaina B. Mintz
Mrs. Shulamis Nadler
ACCOUNTING

Ms. Chaya Mintz
Mrs. Shulamis Nadler
Mrs. Mindy Wallach
CONTINUING EDUCATION

JLI FLAGSHIP

Rabbi Yisrael Rice
CHAIRMAN

Rabbi Shmuly Karp
DIRECTOR

Mrs. Naomi Heber
PROJECT MANAGER

PAST FLAGSHIP AUTHORS

Rabbi Yitzchak M. Kagan
of blessed memory

Rabbi Zalman Abraham
Brooklyn, NY

Rabbi Berel Bell
Montreal, QC

Rabbi Nissan D. Dubov
London, UK

Rabbi Tzvi Freeman
Atlanta, GA

Rabbi Eliezer Gurkow
London, ON

Rabbi Aaron Herman
Pittsburgh, PA

Rabbi Simon Jacobson
New York, NY

Rabbi Chaim D. Kagan, PhD
Monsey, NY

Rabbi Shmuel Klatzkin, PhD
Dayton, OH

Rabbi Nochum Mangel
Dayton, OH

Rabbi Moshe Miller, OBM
Chicago, IL

Rabbi Yosef Paltiel
Brooklyn, NY

Rabbi Yehuda Pink
Solihull, UK

Rabbi Yisrael Rice
S. Rafael, CA

Rabbi Eli Silberstein
Ithaca, NY

Mrs. Rivkah Slonim
Binghamton, NY

Rabbi Avrohom Sternberg
New London, CT

Rabbi Shais Taub
Cedarhurst, NY

Rabbi Shlomo Yaffe
Longmeadow, MA

ROSH CHODESH SOCIETY

Rabbi Shmuel Kaplan
CHAIRMAN

Mrs. Shaindy Jacobson
DIRECTOR

Mrs. Chana Dechter
ADMINISTRATOR

Mrs. Malky Bitton
Mrs. Shula Bryski
Mrs. Rochel Holzkenner
Mrs. Leah Rosenfeld
Mrs. Yehudis Wolvovsky
EDITORIAL BOARD

JLI TEENS

In Partnership with CTeen: Chabad Teen Network

Rabbi Chaim Block
CHAIRMAN

Rabbi Shlomie Tenenbaum
DIRECTOR

TORAH STUDIES

Rabbi Yosef Gansburg
CHAIRMAN

Rabbi Shlomie Tenenbaum
PROJECT MANAGER

Rabbi Ahrele Loschak
EDITOR

Rabbi Levi Fogelman
Rabbi Yaacov Halperin
Rabbi Nechemia Schusterman
Rabbi Ari Sollish
STEERING COMMITTEE

SINAI SCHOLARS SOCIETY

In Partnership with Chabad on Campus

Rabbi Menachem Schmidt
CHAIRMAN

Rabbi Dubi Rabinowitz
DIRECTOR

Ms. Chanie Chesney
PROJECT MANAGER

Ms. Mussi Rabinowitz
Mrs. Miriam Rapoport
Ms. Miriam Spalter
Mrs. Manya Sperlin
Mrs. Devorah Zlatopolsky
ADMINISTRATION

Rabbi Yossy Gordon
Rabbi Efraim Mintz
Rabbi Menachem Schmidt
Rabbi Avi Weinstein
EXECUTIVE COMMITTEE

Rabbi Chaim Leib Hilel
Rabbi Yossi Lazaroff
Rabbi Levi Raichik
Rabbi Shmuel Tiechtel
Rabbi Shmuly Weiss
STEERING COMMITTEE

THE WELLNESS INSTITUTE

Rabbi Menachem Klein
ADMINISTRATOR

Rabbi Zalman Abraham
VISION AND STRATEGIC PLANNING

Pamela Dubin
IMPACT ANALYSIS

Mindy Wallach
ADMINISTRATIVE SPECIALIST

Mushky Lipskier
PROJECT MANAGERS

Dina Zarchi
NETWORKING AND DEVELOPMENT

Moussie Lazaroff
Raizy Lifshitz
COMMUNICATIONS

Matti Feigelstock
PROJECT L'CHAIM COORDINATOR

Rivka Mogilevsky
TWI TORONTO COORDINATOR

Orah Smith
NETWORKING AND DEVELOPMENT

CLINICAL ADVISORY BOARD

Sigrid Frandsen-Pechenik, PSY.D.
CLINICAL DIRECTOR

David A. Brent, M.D.
Randal M. Erenst, Ed.D
Gittel Francis, LMSW
Jill Harkavy-Friedman, PhD
Kenneth Ginsburg, M.D., M.S. Ed

Madelyn S. Gould, PhD, M.P.H.
Lisa A. Horowitz, PhD, M.P.H
Lisa Jacobs, M.D., MBA
Thomas Joiner, PhD
E. David Klonsky, PhD
Laura H. Mufson, PhD
Tayyab Rashid, PhD
Sylvia J. Sandler, LMFT
Bella Schanzer, M.D.
Andrew Shatté, PhD
Arielle H. Sheftall PhD
Jonathan Singer, PhD, LCSW
Casey Skvorc, PhD, JD
Darcy Wallen, LCSW, PC

JLI INTERNATIONAL

Rabbi Avrohom Sternberg
CHAIRMAN

Rabbi Dubi Rabinowitz
DIRECTOR

Rabbi Mendel Glazman
ADMINISTRATOR

Rabbi Eli Wolf
ADMINISTRATOR, JLI IN THE CIS

In Partnership with the Federation of Jewish Communities of the CIS

Flor Setton
COORDINATOR,
CHABAD OF ARGENTINA

Rabbi Nochum Schapiro
REGIONAL REPRESENTATIVE, AUSTRALIA

Rabbi Avrohom Steinmetz
REGIONAL REPRESENTATIVE, BRAZIL

Rabbi Shevach Zlatopolsky
EDITOR, JLI IN THE CIS

Rabbi Shlomo Cohen
FRENCH COORDINATOR,
REGIONAL REPRESENTATIVE

Rabbi Avraham Golovacheov
REGIONAL REPRESENTATIVE, GERMANY

Rabbi Shlomo Koves
REGIONAL REPRESENTATIVE, HUNGARY

Rabbi Shmuel Katzman
REGIONAL REPRESENTATIVE,
NETHERLANDS

Rabbi Bentzi Sudak
REGIONAL REPRESENTATIVE,
UNITED KINGDOM

NATIONAL JEWISH RETREAT

Rabbi Hesh Epstein
CHAIRMAN

Mrs. Shaina B. Mintz
DIRECTOR

Bruce Backman
HOTEL LIAISON

Rabbi Menachem Klein
PROGRAM COORDINATOR

Rabbi Isaac Mintz
SHLUCHIM LIAISON

Rabbi Mendel Rosenfeld
LOGISTICS COORDINATOR

Ms. Mushka Majeski
Mrs. Aliza Scheinfeld
SERVICE AND SUPPORT

THE LAND & THE SPIRIT
Israel Experience

Rabbi Shmuly Karp
DIRECTOR

Rabbi Levi Goldshmid
Rabbi Isaac Mintz
SHLUCHIM LIAISONS

Mrs. Shaina B. Mintz
ADMINISTRATOR

Rabbi Yechiel Baitelman
Rabbi Dovid Flinkenstein
Rabbi Chanoch Kaplan
Rabbi Levi Klein
Rabbi Mendy Mangel
Rabbi Sholom Raichik
STEERING COMMITTEE

SHABBAT IN THE HEIGHTS

Rabbi Shmuly Karp
DIRECTOR

Mrs. Shulamis Nadler
SERVICE AND SUPPORT

Rabbi Chaim Hanoka
CHAIRMAN

Rabbi Mordechai Dinerman
Rabbi Zalman Marcus
STEERING COMMITTEE

MYSHIUR
Advanced Learning Initiative

Rabbi Shmuel Kaplan
CHAIRMAN

Rabbi Shlomie Tenenbaum
ADMINISTRATOR

TORAHCAFE.COM

ONLINE LEARNING

Rabbi Mendy Elishevitz
WEBSITE DEVELOPMENT

Moshe Levin
CONTENT MANAGER

Mendel Laine
FILMING

MACHON SHMUEL
The Sami Rohr Research Institute

Rabbi Zalman Korf
ADMINISTRATOR

Rabbi Moshe Miller, OBM
Rabbi Gedalya Oberlander
Rabbi Chaim Rapoport
Rabbi Levi Yitzchak Raskin
Rabbi Chaim Schapiro
RABBINIC ADVISORY BOARD

Rabbi Yakov Gershon
RESEARCH FELLOW

FOUNDING DEPARTMENT HEADS

Rabbi Mendel Bell
Rabbi Zalman Charytan
Rabbi Mendel Druk
Rabbi Menachem Gansburg
Rabbi Meir Hecht
Rabbi Levi Kaplan
Rabbi Yoni Katz
Rabbi Chaim Zalman Levy
Rabbi Benny Rapoport
Dr. Chana Silberstein
Rabbi Elchonon Tenenbaum
Rabbi Mendy Weg

JLI Chapter Directory

ALABAMA

BIRMINGHAM
Rabbi Yossi Friedman 205.970.0100

MOBILE
Rabbi Yosef Goldwasser 251.265.1213

ALASKA

ANCHORAGE
Rabbi Yosef Greenberg
Rabbi Mendy Greenberg 907.357.8770

ARIZONA

CHANDLER
Rabbi Mendy Deitsch 480.855.4333

FLAGSTAFF
Rabbi Dovie Shapiro 928.255.5756

FOUNTAIN HILLS
Rabbi Mendy Lipskier 480.776.4763

ORO VALLEY
Rabbi Ephraim Zimmerman 520.477.8672

PARADISE VALLEY
Rabbi Shlomo Levertov 480.788.9310

PHOENIX
Rabbi Dovber Dechter 347.410.0785
Rabbi Zalman Levertov
Rabbi Yossi Friedman 602.944.2753

SCOTTSDALE
Rabbi Yossi Levertov 480.998.1410

SEDONA
Rabbi Mendel Kessler 928.985.0667

TUCSON
Rabbi Yehuda Ceitlin 520.881.7956

ARKANSAS

LITTLE ROCK
Rabbi Pinchus Ciment 501.217.0053

CALIFORNIA

AGOURA HILLS
Rabbi Moshe Bryski 818.516.0444

ALAMEDA
Rabbi Meir Shmotkin 510.640.2590

BAKERSFIELD
Rabbi Shmuli Schlanger 661.834.1512

BEL AIR
Rabbi Chaim Mentz 310.475.5311

BEVERLY HILLS
Rabbi Dovid Begun 310.242.7750

BURBANK
Rabbi Shmuly Kornfeld 818.954.0070

CARLSBAD
Rabbi Yeruchem Eilfort
Mrs. Nechama Eilfort 760.943.8891

CHATSWORTH
Rabbi Yossi Spritzer 818.307.9907

CONCORD
Rabbi Berel Kesselman 925.326.1613

CONTRA COSTA
Rabbi Dovber Berkowitz 925.937.4101

CORONADO
Rabbi Eli Fradkin 619.365.4728

DANA POINT
Rabbi Eli Goorevitch 949.290.0628

DANVILLE
Rabbi Shmuli Raitman 213.447.6694

EMERYVILLE
Rabbi Menachem Blank 510.859.8808

ENCINO
Rabbi Aryeh Herzog 818.784.9986
Chapter founded by Rabbi Joshua Gordon, OBM

FOLSOM
Rabbi Yossi Grossbaum 916.608.9811

FREMONT

Rabbi Moshe Fuss 510.300.4090

GLENDALE

Rabbi Simcha Backman 818.240.2750

HOLLYWOOD

Rabbi Zalman Partouche 818.964.9428

HUNTINGTON BEACH

Rabbi Aron David Berkowitz 714.846.2285

LAGUNA NIGUEL

Rabbi Mendy Paltiel 949.831.7701

LA JOLLA

Rabbi Baruch Shalom Ezagui 858.455.5433

LAKE BALBOA

Rabbi Eli Gurary 347.403.6734

LOMITA

Rabbi Sholom Pinson 310.326.8234

LONG BEACH

Rabbi Abba Perelmuter 562.773.1350

LOS ANGELES

Rabbi Yossi Elifort 310.515.5310
Rabbi Leibel Korf 323.660.5177
Rabbi Zalmy Labkowsky 213.618.9486
Rabbi Mendel Zajac 310.770.9051

MALIBU

Rabbi Levi Cunin 310.456.6588

MARINA DEL REY

Rabbi Danny Yiftach-Hashem
Rabbi Dovid Yiftach 310.859.0770

MAR VISTA

Rabbi Shimon Simpson 646.401.2354

NEWHALL

Rabbi Choni Marosov 661.254.3434

NORTHRIDGE

Rabbi Eli Rivkin 818.368.3937

OJAI

Rabbi Mordechai Nemtzov 805.613.7181

PACIFIC PALISADES

Rabbi Zushe Cunin 310.454.7783

PALO ALTO

Rabbi Menachem Landa 415.418.4768
Rabbi Yosef Levin
Rabbi Ber Rosenblatt 650.424.9800

PASADENA

Rabbi Zushe Rivkin 626.788.3343

PLEASANTON

Rabbi Josh Zebberman 925.846.0700

PORTOLA VALLEY

Rabbi Mayer Brook 650.304.2098

POWAY

Rabbi Mendel Goldstein 858.208.6613

RANCHO CUCAMONGA

Rabbi Sholom Ber Harlig 909.949.4553

RANCHO MIRAGE

Rabbi Shimon H. Posner 760.770.7785

RANCHO PALOS VERDES

Rabbi Yitzchok Magalnic 310.544.5544

RANCHO S. FE

Rabbi Levi Raskin 858.756.7571

REDONDO BEACH

Rabbi Yossi Mintz
Rabbi Zalman Gordon 310.214.4999

RIVERSIDE

Rabbi Shmuel Fuss 951.329.2747

S. CLEMENTE

Rabbi Menachem M. Slavin 949.489.0723

S. CRUZ

Rabbi Yochanan Friedman 831.454.0101

S. DIEGO

Rabbi Rafi Andrusier 619.387.8770
Rabbi Yechiel Cagen 832.216.1534

S. FRANCISCO

Rebbetzin Mattie Pil 415.933.4310
Rabbi Gedalia Potash 415.648.8000
Rabbi Shlomo Zarchi 415.752.2866

S. LUIS OBISPO

Rabbi Meir Gordon 347.675.3383

S. MATEO

Rabbi Yossi Marcus 650.341.4510

S. RAFAEL

Rabbi Yisrael Rice 415.492.1666

SHERMAN OAKS

Rabbi Nachman Abend 818.989.9539

SONOMA

Rabbi Mendel Wolvovsky 707.292.6221

SOUTH LAKE TAHOE

Rabbi Mordechai Richler 530.539.4363

SUNNYVALE

Rabbi Yisroel Hecht 408.720.0553

TEMECULA

Rabbi Yonason Abrams 951.234.4196

TIBURON

Rabbi Levi Mintz 415.378.9364

TOPANGA

Rabbi Menachem Piekarski 858.335.7197

TUSTIN

Rabbi Yehoshua Eliezrie 714.508.2150

VACAVILLE

Rabbi Chaim Zaklos 707.592.5300

VAIL

Rabbi Yisroel Shemtov 347.372.3092

WEST HILLS

Rabbi Avi Rabin 818.337.4544

WEST HOLLYWOOD

Rabbi Mordechai Kirschenbaum 310.691.9988

WEST LOS ANGELES

Rabbi Mordechai Zaetz 424.652.8742

YORBA LINDA

Rabbi Dovid Eliezrie 714.693.0770

COLORADO

ASPEN

Rabbi Mendel Mintz 970.544.3770

DENVER

Rabbi Yossi Serebryanski 303.744.9699
Rabbi Mendel Popack 720.515.4337
Rabbi Mendy Sirota 720.940.3716

FORT COLLINS

Rabbi Yerachmiel Gorelik 970.407.1613

HIGHLANDS RANCH

Rabbi Avraham Mintz 303.694.9119

LONGMONT

Rabbi Yakov Borenstein 303.678.7595

VAIL

Rabbi Dovid Mintz 970.476.7887

WESTMINSTER

Rabbi Benjy Brackman 303.429.5177

VALENCIA

Rabbi Choni Marozov 661.644.5735

CONNECTICUT

FAIRFIELD

Rabbi Shlame Landa 203.373.7551

GLASTONBURY

Rabbi Yosef Wolvovsky 860.659.2422

GREENWICH

Rabbi Yossi Deren
Rabbi Menachem Feldman 203.629.9059

GUILFORD

Rabbi Yossi Yaffe 203.645.4635

HAMDEN

Rabbi Moshe Hecht 203.635.7268

MILFORD

Rabbi Schneur Wilhelm 203.887.7603

NEW HAVEN

Rabbi Mendy Hecht 203.589.5375
Rabbi Chanoch Wineberg 203.479.0313

NEW LONDON

Rabbi Avrohom Sternberg 860.437.8000

STAMFORD
Rabbi Yisrael Deren
Rabbi Levi Mendelow 203.3.CHABAD

WESTPORT
Rabbi Yehuda Kantor 561.460.3758

WEST HARTFORD
Rabbi Shaya Gopin 860.232.1116

SHELTON
Rabbi Schneur Brook 203.364.4149

DELAWARE

WILMINGTON
Rabbi Chuni Vogel 302.529.9900

DISTRICT OF COLUMBIA
Rabbi Levi Shemtov
Rabbi Yitzy Ceitlin 202.332.5600

FLORIDA

ALTAMONTE SPRINGS
Rabbi Mendy Bronstein 407.280.0535

BAL HARBOUR
Rabbi Dov Schochet 305.868.1411

BOCA RATON
Rabbi Zalman Bukiet 561.487.2934
Rabbi Arele Gopin 561.994.6257
Rabbi Moishe Denburg 561.526.5760
Rabbi Ruvi New 561.394.9770

BONITA SPRINGS
Rabbi Mendy Greenberg 239.949.6900

BOYNTON BEACH
Rabbi Sholom Ciment 561.732.4633
Rabbi Yosef Yitzchok Raichik 561.740.8738

BRADENTON
Rabbi Menachem Bukiet 941.388.9656

CAPE CORAL
Rabbi Yossi Labkowski 239.963.4770

CORAL GABLES
Rabbi Avrohom Stolik 305.490.7572

CORAL SPRINGS
Rabbi Hershy Bronstein 954.798.6023
Rabbi Yankie Denburg 954.471.8646

CUTLER BAY
Rabbi Yossi Wolff 305.975.6680

DAVIE
Rabbi Aryeh Schwartz 954.376.9973

DELRAY BEACH
Rabbi Yaakov Perman 561.666.2770

FISHER ISLAND
Rabbi Efraim Brody 347.325.1913

FLEMING ISLAND
Rabbi Shmuly Feldman 904.290.1017

FORT LAUDERDALE
Rabbi Yitzchok Naparstek 954.568.1190

HALLANDALE BEACH
Rabbi Mordy Feiner 954.458.1877

HOLLYWOOD
Rabbi Leibel Kudan 954.801.3367

JUPITER
Rabbi Berel Barash 561.317.0968

KENDALL
Rabbi Yossi Harlig 305.234.5654

KEY BISCAYNE
Rabbi Avremel Caroline 305.365.6744

LAUDERHILL
Rabbi Shmuel Heidingsfeld 323.877.7703

LONGWOOD
Rabbi Yanky Majesky 407.636.5994

MAITLAND
Rabbi Sholom Dubov
Rabbi Levik Dubov 470.644.2500

MARION COUNTY
Rabbi Yossi Hecht 352.330.4466

MIAMI
Rabbi Mendy Cheruty 305.219.3353
Rabbi Yakov Fellig 305.445.5444
Rabbi Chaim Lipskar 305.373.8303

MIAMI BEACH

Rabbi Yisroel Frankforter 305.534.3895
Rabbi Sholom Korf 786.423.6483
Rabbi Shmuel Mann 305.674.8400

N. MIAMI BEACH

Rabbi Eli Laufer 305.770.4412

NAPLES

Rabbi Fishel Zaklos 239.404.6993

ORLANDO

Rabbi Yosef Konikov 407.354.3660

ORMOND BEACH

Rabbi Asher Farkash 386.672.9300

PALM CITY

Rabbi Shlomo Uminer 772.485.5501

PALM BEACH

Rabbi Zalman Levitin 561.659.3884

PALM BEACH GARDENS

Rabbi Dovid Vigler 561.624.2223

PALM HARBOR

Rabbi Pinchas Adler 727.789.0408

PARKLAND

Rabbi Mendy Gutnick 954.600.6991

PEMBROKE PINES

Rabbi Mordechai Andrusier 954.874.2280

PENSACOLA

Rabbi Mendel Danow 850.291.9600

PLANTATION

Rabbi Pinchas Taylor 954.644.9177

PONTE VEDRA BEACH

Rabbi Nochum Kurinsky 904.543.9301

ROYAL PALM BEACH

Rabbi Nachmen Zeev Schtroks 561.714.1692

S. AUGUSTINE

Rabbi Levi Vogel 904.521.8664

S. JOHNS

Rabbi Mendel Sharfstein 347.461.3765

SARASOTA

Rabbi Chaim Shaul Steinmetz 941.925.0770
Rabbi Levi Steinmetz 941.928.9267

SATELLITE BEACH

Rabbi Zvi Konikov 321.777.2770

SINGER ISLAND

Rabbi Berel Namdar 347.276.6985

SOUTH PALM BEACH

Rabbi Leibel Stolik 561.889.3499

SOUTH TAMPA

Rabbi Mendy Dubrowski 813.922.1723

SOUTHWEST BROWARD COUNTY

Rabbi Aryeh Schwartz 954.252.1770

SUNNY ISLES BEACH

Rabbi Alexander Kaller 305.803.5315

SURFSIDE

Rabbi Dov Schochet 305.790.8294

TAMARAC

Rabbi Kopel Silberberg 954.882.7434

VENICE

Rabbi Sholom Ber Schmerling 941.330.4477

VERO BEACH

Rabbi Motty Rosenfeld 772.245.6712

WESLEY CHAPEL

Rabbi Mendy Yarmush
Rabbi Mendel Friedman 813.731.2977

WEST PALM BEACH

Rabbi Yoel Gancz 561.659.7770

WESTON

Rabbi Yisroel Spalter 954.349.6565

GEORGIA

ALPHARETTA

Rabbi Hirshy Minkowicz 770.410.9000

ATLANTA

Rabbi Yossi New
Rabbi Isser New 404.843.2464
Rabbi Alexander Piekarski 678.267.6418

ATLANTA: INTOWN
Rabbi Eliyahu Schusterman
Rabbi Ari Sollish 404.898.0434

CUMMING
Rabbi Levi Mentz 310.666.2218

GAINESVILLE
Rabbi Nechemia Gurevitz 770.906.4970

GWINNETT
Rabbi Yossi Lerman 678.595.0196

MARIETTA
Rabbi Ephraim Silverman 770.565.4412

HAWAII

KAPA'A
Rabbi Michoel Goldman 808.647.4293

IDAHO

BOISE
Rabbi Mendel Lifshitz 208.853.9200

ILLINOIS

ARLINGTON HEIGHTS
Rabbi Yaakov Kotlarsky 224.357.7002

CHAMPAIGN
Rabbi Dovid Tiechtel 217.355.8672

CHICAGO
Rabbi Mendy Benhiyoun 312.498.7704
Rabbi Meir Hecht 312.714.4655
Rabbi Dovid Kotlarsky 773.495.7127
Rabbi Mordechai Gershon 773.412.5189
Rabbi Yosef Moscowitz 773.772.3770
Rabbi Levi Notik 773.274.5123

DES PLAINES
Rabbi Lazer Hershkovich 224.392.4442

ELGIN
Rabbi Mendel Shemtov 847.440.4486

GLENVIEW
Rabbi Yishaya Benjaminson 847.910.1738

GURNEE
Rabbi Sholom Tenenbaum 847.782.1800

HIGHLAND PARK
Mrs. Michla Schanowitz 847.266.0770

NAPERVILLE
Rabbi Mendy Goldstein 630.957.8122

NORTHBROOK
Rabbi Meir Moscowitz 847.564.8770

NORWOOD PARK
Rabbi Mendel Perlstein 312.752.8894

OAK PARK
Rabbi Yitzchok Bergstein 708.524.1530

PEORIA
Rabbi Eli Langsam 309.370.7701

SKOKIE
Rabbi Yochanan Posner 847.677.1770

VERNON HILLS
Rabbi Shimmy Susskind 718.755.5356

WILMETTE
Rabbi Dovid Flinkenstein 847.251.7707

INDIANA

INDIANAPOLIS
Rabbi Avraham Grossbaum
Rabbi Dr. Shmuel Klatzkin 317.251.5573

IOWA

BETTENDORF
Rabbi Shneur Cadaner 563.355.1065

KANSAS

OVERLAND PARK
Rabbi Mendy Wineberg 913.649.4852

KENTUCKY

LOUISVILLE
Rabbi Avrohom Litvin 502.459.1770

LOUISIANA

BATON ROUGE
Rabbi Peretz Kazen ... 225.267.7047

METAIRIE
Rabbi Yossie Nemes
Rabbi Mendel Ceitlin ... 504.454.2910

NEW ORLEANS
Rabbi Mendel Rivkin ... 504.302.1830

MAINE

BANGOR
Rabbi Chaim Wilansky ... 207.650.7223

PORTLAND
Rabbi Levi Wilansky ... 207.650.1783

MARYLAND

BALTIMORE
Rabbi Velvel Belinsky ... 410.764.5000
Classes in Russian

Rabbi Dovid Reyder ... 781.796.4204

BEL AIR
Rabbi Kushi Schusterman ... 443.353.9718

BETHESDA
Rabbi Sender Geisinsky ... 301.913.9777

CHEVY CHASE
Rabbi Zalman Minkowitz ... 301.260.5000

COLUMBIA
Rabbi Hillel Baron
Rabbi Yosef Chaim Sufrin ... 410.740.2424

FREDERICK
Rabbi Boruch Labkowski ... 301.996.3659

GAITHERSBURG
Rabbi Sholom Raichik ... 301.926.3632

OLNEY
Rabbi Bentzy Stolik ... 301.660.6770

OWINGS MILLS
Rabbi Nochum Katsenelenbogen ... 410.356.5156

POTOMAC
Rabbi Mendel Bluming ... 301.983.4200
Rabbi Mendel Kaplan ... 301.983.1485

ROCKVILLE
Rabbi Shlomo Beitsh ... 646.773.2675
Rabbi Moishe Kavka ... 301.836.1242

MASSACHUSETTS

ANDOVER
Rabbi Asher Bronstein ... 978.470.2288

ARLINGTON
Rabbi Avi Bukiet ... 617.909.8653

BOSTON
Rabbi Yosef Zaklos ... 617.297.7282

BRIGHTON
Rabbi Dan Rodkin ... 617.787.2200

CAPE COD
Rabbi Yekusiel Alperowitz ... 508.775.2324

CHESTNUT HILL
Rabbi Mendy Uminer ... 617.738.9770

LEXINGTON
Rabbi Yisroel New ... 646.248.9053

LONGMEADOW
Rabbi Yakov Wolff ... 413.567.8665

NEWTON
Rabbi Shalom Ber Prus ... 617.244.1200

PEABODY
Rabbi Nechemia Schusterman ... 978.977.9111

SUDBURY
Rabbi Yisroel Freeman ... 978.443.0110

SWAMPSCOTT
Rabbi Yossi Lipsker ... 781.581.3833

MICHIGAN

ANN ARBOR
Rabbi Aharon Goldstein ... 734.995.3276

BLOOMFIELD HILLS
Rabbi Levi Dubov ... 248.949.6210

GRAND RAPIDS
Rabbi Mordechai Haller 616.957.0770

TROY
Rabbi Menachem Caytak 248.873.5851

WEST BLOOMFIELD
Rabbi Shneur Silberberg 248.855.6170

MINNESOTA

MINNETONKA
Rabbi Mordechai Grossbaum
Rabbi Shmuel Silberstein 952.929.9922

S. PAUL
Rabbi Shneur Zalman Bendet 651.998.9298

MISSOURI

CHESTERFIELD
Rabbi Avi Rubenfeld 314.258.3401

S. LOUIS
Rabbi Yosef Landa 314.725.0400
Rabbi Yosef Abenson 314.448.0927

MONTANA

BOZEMAN
Rabbi Chaim Shaul Bruk 406.600.4934

NEVADA

LAS VEGAS
Rabbi Yosef Rivkin 702.217.2170

SUMMERLIN
Rabbi Yisroel Schanowitz
Rabbi Tzvi Bronchtain 702.855.0770

TRUCKEE
Rabbi Levi Sputz 347.262.4531

NEW JERSEY

BASKING RIDGE
Rabbi Mendy Herson
Rabbi Mendel Shemtov 908.604.8844

CHERRY HILL
Rabbi Mendel Mangel 856.874.1500

CLINTON
Rabbi Eli Kornfeld 908.623.7000

ENGLEWOOD
Rabbi Shmuel Konikov 201.519.7343

FAIR LAWN
Rabbi Avrohom Bergstein 201.794.3770

FANWOOD
Rabbi Avrohom Blesofsky 908.790.0008

GREATER MERCER COUNTY
Rabbi Dovid Dubov
Rabbi Yaakov Chaiton 609.213.4136

HASKELL
Rabbi Mendy Gurkov 201.696.7609

HOLMDEL
Rabbi Shmaya Galperin 732.772.1998

JACKSON
Rabbi Shmuel Naparstek 732.668.7702

MADISON
Rabbi Shalom Lubin 973.377.0707

MANALAPAN
Rabbi Boruch Chazanow
Rabbi Levi Wolosow 732.972.3687

MEDFORD
Rabbi Yitzchok Kahan 609.451.3522

MOUNTAIN LAKES
Rabbi Levi Dubinsky 973.551.1898

MULLICA HILL
Rabbi Avrohom Richler 856.733.0770

OLD TAPPAN
Rabbi Mendy Lewis 201.767.4008

RED BANK
Rabbi Dovid Harrison 718.915.8748

ROCKAWAY
Rabbi Asher Herson
Rabbi Mordechai Baumgarten 973.625.1525

RUTHERFORD
Rabbi Yitzchok Lerman 347.834.7500

SCOTCH PLAINS
Rabbi Avrohom Blesofsky 908.790.0008

SHORT HILLS
Rabbi Mendel Solomon
Rabbi Avrohom Levin 973.725.7008

SOUTH BRUNSWICK
Rabbi Levi Azimov 732.398.9492

TENAFLY
Rabbi Mordechai Shain 201.871.1152

TOMS RIVER
Rabbi Moshe Gourarie 732.349.4199

WEST ORANGE
Rabbi Mendy Kasowitz 973.325.6311

WOODCLIFF LAKE
Rabbi Dov Drizin 201.476.0157

NEW MEXICO

LAS CRUCES
Rabbi Bery Schmukler 575.524.1330

NEW YORK

ALBANY
Rabbi Mordechai Rubin 518.368.7886

BAY SHORE
Rabbi Shimon Stillerman 631.913.8770

BEDFORD
Rabbi Arik Wolf 914.666.6065

BENSONHURST
Rabbi Avrohom Hertz 718.753.7768

BINGHAMTON
Mrs. Rivkah Slonim 607.797.0015

BRIGHTON BEACH
Rabbi Dovid Okonov 718.368.4490

WEST BRIGHTON BEACH
Rabbi Moshe Winner 718.946.9833

BRONXVILLE
Rabbi Sruli Deitsch 917.755.0078

BROOKVILLE
Rabbi Mendy Heber 516.626.0600

CEDARHURST
Rabbi Zalman Wolowik 516.295.2478

COMMACK
Rabbi Mendel Teldon 631.543.3343

DELMAR
Rabbi Zalman Simon 518.866.7658

DOBBS FERRY
Rabbi Benjy Silverman 914.693.6100

EAST HAMPTON
Rabbi Leibel Baumgarten
Rabbi Mendy Goldberg 631.329.5800

ELLENVILLE
Rabbi Shlomie Deren 845.647.4450

FOREST HILLS
Rabbi Yossi Mendelson 917.861.9726

GLEN OAKS
Rabbi Shmuel Nadler 347.388.7064

GREAT NECK
Rabbi Yoseph Geisinsky 516.487.4554

KINGSTON
Rabbi Yitzchok Hecht 845.334.9044

LARCHMONT
Rabbi Mendel Silberstein 914.834.4321

LITTLE NECK
Rabbi Eli Shifrin 718.423.1235

LONG BEACH
Rabbi Eli Goodman 516.574.3905

LONG ISLAND CITY
Rabbi Zev Wineberg 347.218.2927

MANHASSET
Rabbi Mendel Paltiel 516.984.0701

MINEOLA
Rabbi Anchelle Perl 516.739.3636

MONTEBELLO
Rabbi Shmuel Gancz 845.746.1927

MELVILLE
Rabbi Yosef Raskin 631.276.4453

NEW HARTFORD
Rabbi Levi Charitonow 716.322.8692

NEW YORK
Rabbi Yakov Bankhalter 917.613.1678
Rabbi Nissi Eber 347.677.2276
Rabbi Berel Gurevitch 212.518.3122
Rabbi Daniel Kraus 917.294.5567
Rabbi Shmuel Metzger 212.758.3770

NYC TRIBECA
Rabbi Zalman Paris 212.566.6764

NYC UPPER EAST SIDE
Rabbi Uriel Vigler 212.369.7310

NYC WEST SIDE
Rabbi Shlomo Kugel 212.864.5010

OCEANSIDE
Rabbi Levi Gurkow 516.764.7385

OSSINING
Rabbi Dovid Labkowski 914.923.2522

OYSTER BAY
Rabbi Shmuel Lipszyc
Rabbi Shalom Lipszyc 347.853.9992

PARK SLOPE
Rabbi Menashe Wolf 347.957.1291

PORT WASHINGTON
Rabbi Shalom Paltiel 516.767.8672

PROSPECT HEIGHTS
Rabbi Mendy Hecht 347.622.3599

ROCHESTER
Rabbi Nechemia Vogel 585.271.0330

ROSLYN HEIGHTS
Rabbi Aaron Konikov 516.484.3500

SOUTHAMPTON
Rabbi Chaim Pape 917.627.4865

STATEN ISLAND
Rabbi Mendy Katzman 718.370.8953

STONY BROOK
Rabbi Shalom Ber Cohen 631.585.0521

SUFFERN
Rabbi Shmuel Gancz 845.368.1889

YORKTOWN HEIGHTS
Rabbi Yehuda Heber 914.962.1111

NORTH CAROLINA

CARY
Rabbi Yisroel Cotlar 919.651.9710

CHAPEL HILL
Rabbi Zalman Bluming 919.357.5904

CHARLOTTE
Rabbi Yossi Groner
Rabbi Shlomo Cohen 704.366.3984

GREENSBORO
Rabbi Yosef Plotkin 336.617.8120

RALEIGH
Rabbi Pinchas Herman
Rabbi Lev Cotlar 919.637.6950

WINSTON-SALEM
Rabbi Levi Gurevitz 336.756.9069

OHIO

BEACHWOOD
Rabbi Moshe Gancz 216.647.4884

CINCINNATI
Rabbi Yisroel Mangel 513.793.5200

COLUMBUS
Rabbi Yitzi Kaltmann 614.294.3296

DAYTON
Rabbi Nochum Mangel 937.643.0770

OKLAHOMA

OKLAHOMA CITY
Rabbi Ovadia Goldman 405.524.4800

TULSA
Rabbi Yehuda Weg 918.492.4499

OREGON

PORTLAND
Rabbi Mordechai Wilhelm 503.977.9947

SALEM
Rabbi Avrohom Yitzchok Perlstein 503.383.9569

TIGARD
Rabbi Menachem Orenstein 971.329.6661

WEST LINN
Rabbi Shimon Wilhelm 503.753.4744

PENNSYLVANIA

AMBLER
Rabbi Shaya Deitsch 215.591.9310

BALA CYNWYD
Rabbi Shraga Sherman 610.660.9192

CLARKS SUMMIT
Rabbi Benny Rapoport 570.587.3300

DOYLESTOWN
Rabbi Mendel Prus 215.340.1303

GLEN MILLS
Rabbi Yehuda Gerber 484.620.4162

LAFAYETTE HILL
Rabbi Yisroel Kotlarsky 484.533.7009

LANCASTER
Rabbi Elazar Green 717.723.8783

LEWISBURG
Rabbi Yisroel Baumgarten 631.880.2801

MONROEVILLE
Rabbi Mendy Schapiro 412.372.1000

NEWTOWN
Rabbi Aryeh Weinstein 215.497.9925

PHILADELPHIA: CENTER CITY
Rabbi Yochonon Goldman 215.238.2100

PITTSBURGH
Rabbi Yisroel Altein .... 412.422.7300 EXT. 269

PITTSBURGH: SOUTH HILLS
Rabbi Mendy Rosenblum 412.278.3693

READING
Rabbi Yosef Lipsker 610.334.3218

RYDAL
Rabbi Zushe Gurevitz 267.536.5757

UNIVERSITY PARK
Rabbi Nosson Meretsky 814.863.4929

WYNNEWOOD
Rabbi Moishe Brennan 610.529.9011

PUERTO RICO

CAROLINA
Rabbi Mendel Zarchi 787.253.0894

RHODE ISLAND

WARWICK
Rabbi Yossi Laufer 401.884.7888

SOUTH CAROLINA

BLUFFTON
Rabbi Menachem Hertz 843.301.1819

COLUMBIA
Rabbi Hesh Epstein
Rabbi Levi Marrus 803.782.1831

GREENVILLE
Rabbi Leibel Kesselman 864.534.7739

TENNESSEE

KNOXVILLE
Rabbi Yossi Wilhelm 865.588.8584

MEMPHIS
Rabbi Levi Klein 901.754.0404

TEXAS

AUSTIN
Rabbi Mendy Levertov 512.905.2778

BELLAIRE
Rabbi Yossi Zaklikofsky 713.839.8887

CYPRESS
Rabbi Levi Marinovsky 832.651.6964

DALLAS
Rabbi Mendel Dubrawsky
Rabbi Moshe Naparstek 972.818.0770

EL PASO
Rabbi Levi Greenberg 347.678.9762

FORT WORTH
Rabbi Dov Mandel 817.263.7701

HOUSTON
Rabbi Dovid Goldstein
Rabbi Zally Lazarus 281.589.7188
Rabbi Moishe Traxler 713.774.0300

HOUSTON: RICE UNIVERSITY AREA
Rabbi Eliezer Lazaroff 713.522.2004

LEAGUE CITY
Rabbi Yitzchok Schmukler 281.724.1554

PLANO
Rabbi Eli Block 214.620.4083
Rabbi Mendel Block 972.596.8270

ROCKWALL
Rabbi Moshe Kalmenson 469.350.5735

ROUND ROCK
Rabbi Mendel Marasow 512.387.3171

S. ANTONIO
Rabbi Chaim Block
Rabbi Levi Teldon 210.492.1085
Rabbi Tal Shaul 210.877.4218

SOUTHLAKE
Rabbi Levi Gurevitch 817.451.1171

SUGAR LAND
Rabbi Mendel Feigenson 832.758.0685

THE WOODLANDS
Rabbi Mendel Blecher 281.865.7242

UTAH

PARK CITY
Rabbi Yehuda Steiger 435.714.8590

SALT LAKE CITY
Rabbi Benny Zippel 801.467.7777

S. GEORGE
Rabbi Mendy Cohen 862.812.6224

VERMONT

BURLINGTON
Rabbi Yitzchok Raskin 802.658.5770

VIRGINIA

ALEXANDRIA/ARLINGTON
Rabbi Mordechai Newman 703.370.2774

FAIRFAX
Rabbi Leibel Fajnland 703.426.1980

GAINESVILLE
Rabbi Shmuel Perlstein 571.445.0342

LOUDOUN COUNTY
Rabbi Chaim Cohen 248.298.9279

NORFOLK
Rabbi Aaron Margolin
Rabbi Levi Brashevitzky 757.616.0770

RICHMOND
Rabbi Shlomo Pereira 804.740.2000

WINCHESTER
Rabbi Yishai Dinerman 540.324.9879

WASHINGTON

BAINBRIDGE ISLAND
Rabbi Mendy Goldshmid 206.397.7679

BELLINGHAM
Rabbi Yosef Truxton 360.224.9919

MERCER ISLAND
Rabbi Elazar Bogomilsky 206.527.1411
Rabbi Nissan Kornfeld 206.851.2324

OLYMPIA
Rabbi Yosef Schtroks 360.867.8804

SEATTLE

Rabbi Yoni Levitin 206.851.9831
Rabbi Shnai Levitin 347.342.2259

SPOKANE COUNTY

Rabbi Yisroel Hahn 509.443.0770

WISCONSIN

BAYSIDE

Rabbi Cheski Edelman 414.439.5041

BROOKFIELD

Rabbi Levi Brook 925.708.4203

KENOSHA

Rabbi Tzali Wilschanski 262.359.0770

MADISON

Rabbi Avremel Matusof 608.335.3777

MEQUON

Rabbi Menachem Rapoport 262.242.2235

MILWAUKEE

Rabbi Levi Emmer 414.277.8839
Rabbi Mendel Shmotkin 414.961.6100

ARGENTINA

BAHIA BLANCA

Rabbi Shmuel Freedman 347.300.2779

BUENOS AIRES

Rabbi Abraham Benchimol 54.11.6048.5333
Rabbi Yossi Birman 54.11.5334.6606
Mrs. Chani Gorowitz 54.11.4865.0445
Rabbi Menachem M. Grunblatt 54.911.3574.0037
Rabbi Mendy Gurevitch 55.11.4545.7771
Rabbi Mendel Levy 54.11.3687.8258
Rabbi Shlomo Levy 54.11.4807.2223
Rabbi Yosef Levy 54.11.4504.1908
Rabbi Yosef Yitzjok Levy 54.11.6292.4125
Rabbi Yossi Ludman 54.11.3935.0214
Rabbi Yoel Migdal 54.11.4963.1221
Rabbi Mendi Mizrahi 54.11.4963.1221
Rabbi Shiele Plotka 54.11.4634.3111
Rabbi Itzjak Safranchik 54.11.3699.3977
Rabbi Shniur Zalmen Schvetz 54.11.3552.5208
Rabbi Shloimi Setton 54.11.4982.8637
Rabbi Pinhas Sudry 54.1.4822.2285

CORDOBA

Rabbi Menajem Turk 54.351.233.8250

SALTA

Rabbi Rafael Tawil 54.387.421.4947

S. MIGUEL DE TUCUMÁN

Rabbi Ariel Levy 54.381.473.6944

AUSTRALIA

NEW SOUTH WALES

BELLEVUE HILL

Mrs. Chaya Kaye 614.3342.2755

DOUBLE BAY

Rabbi Yanky Berger 612.9327.1644

DOVER HEIGHTS

Rabbi Motti Feldman 614.0400.8572

MAROUBRA

Rabbi Schneur Goldstein 614.3476.0722

NEWTOWN

Rabbi Eli Feldman 614.0077.0613

NORTH SHORE

Rabbi Nochum Schapiro
Rebbetzin Fruma Schapiro 612.9488.9548

TASMANIA

SOUTH LAUNCESTON

Mrs. Rochel Gordon 614.2055.0405

QUEENSLAND

BRISBANE

Rabbi Levi Jaffe 617.3843.6770

VICTORIA

EAST S. KILDA

Rabbi Sholem Gorelik 614.5244.8770

MOORABBIN

Rabbi Elisha Greenbaum 614.0349.0434

WESTERN AUSTRALIA

PERTH

Rabbi Shalom White 618.9275.2106

AZERBAIJAN

BAKU
Mrs. Chavi Segal 994.12.597.91.90

BELARUS

BOBRUISK
Mrs. Mina Hababo 375.29.104.3230

MINSK
Rabbi Shneur Deitsch
Mrs. Bassie Deitsch 375.29.330.6675

BELGIUM

ANTWERP
Rabbi Mendel Gurary 32.48.656.9878

BRUSSELS
Rabbi Shmuel Pinson 375.29.330.6675

BRAZIL

CURITIBA
Rabbi Mendy Labkowski 55.41.3079.1338

S. PAULO
Rabbi Avraham Steinmetz 55.11.3081.3081

CANADA

ALBERTA

CALGARY
Rabbi Mordechai Groner 403.281.3770

EDMONTON
Rabbi Ari Drelich
Rabbi Mendy Blachman 780.200.5770

BRITISH COLUMBIA

NANAIMO
Rabbi Benzti Shemtov 250.797.7877

RICHMOND
Rabbi Yechiel Baitelman 604.277.6427

VANCOUVER
Rabbi Dovid Rosenfeld 604.266.1313
Rabbi Shmuel Yeshayahu 604.738.7060

VICTORIA
Rabbi Meir Kaplan 250.595.7656

MANITOBA

WINNIPEG
Rabbi Shmuel Altein 204.339.8737

ONTARIO

BAYVIEW
Rabbi Levi Gansburg 416.551.9391

MAPLE
Rabbi Yechezkel Deren 647.883.6372

MISSISSAUGA
Rabbi Yitzchok Slavin 905.820.4432

NORTH YORK
Rabbi Sruli Steiner 647.501.5618

OTTAWA
Rabbi Menachem M. Blum 613.843.7770

RICHMOND HILL
Rabbi Mendel Bernstein 905.303.1000

THORNHILL
Rabbi Yisroel Landa 416.897.3338

GREATER TORONTO REGIONAL OFFICE & THORNHILL
Rabbi Yossi Gansburg 905.731.7000

TORONTO
Rabbi Shmuel Neft 647.966.7105
Rabbi Moshe Steiner 416.635.9606

WATERLOO
Rabbi Moshe Goldman 226.338.7770

WHITBY
Rabbi Tzali Borenstein 905.447.8215

QUEBEC

CÔTE S.-LUC
Rabbi Levi Naparstek 438.409.6770

DOLLARD-DES ORMEAUX
Rabbi Leibel Fine 514.777.4675

HAMPSTEAD
Rabbi Moshe New
Rabbi Berel Bell 514.739.0770

MONTREAL
Rabbi Ronnie Fine
Pesach Nussbaum 514.738.3434

OLD MONTREAL/GRIFFINTOWN
Rabbi Nissan Gansbourg
Rabbi Berel Bell 514.800.6966

S. LAZARE
Rabbi Nochum Labkowski 514.436.7426

TOWN OF MOUNT ROYAL
Rabbi Moshe Krasnanski
Rabbi Shneur Zalman Rader 514.342.1770

SASKATCHEWAN

SASKATOON
Rabbi Raphael Kats 306.384.4370

CAYMAN ISLANDS

GEORGE TOWN
Rabbi Berel Pewzner 717.798.1040

COLOMBIA

BOGOTA
Rabbi Chanoch Piekarski 57.1.635.8251

COSTA RICA

S. JOSÉ
Rabbi Hershel Spalter
Rabbi Moshe Bitton 506.4010.1515

CROATIA

ZAGREB
Rabbi Pinchas Zaklas 385.1.4812227

DENMARK

COPENHAGEN
Rabbi Yitzchok Loewenthal 45.3316.1850

DOMINICAN REPUBLIC

S. DOMINGO
Rabbi Shimon Pelman 829.341.2770

ESTONIA

TALLINN
Rabbi Shmuel Kot 372.662.30.50

FRANCE

BOULOGNE
Rabbi Michael Sojcher 33.1.46.99.87.85

DIJON
Rabbi Chaim Slonim 33.6.52.05.26.65

LA VARENNE-S.-HILAIRE
Rabbi Mena'hem Mendel Benelbaz 33.6.17.81.57.47

MARSEILLE
Rabbi Eliahou Altabe 33.6.11.60.03.05
Rabbi Mena'hem Mendel Assouline 33.6.64.88.25.04
Rabbi Emmanuel Taubenblatt 33.4.88.00.94.85

PARIS
Rabbi Yona Hasky 33.1.53.75.36.01
Rabbi Acher Marciano 33.6.15.15.01.02
Rabbi Avraham Barou'h Pevzner 33.6.99.64.07.70

PONTAULT-COMBAULT
Rabbi Yossi Amar 33.6.61.36.07.70

VILLIERS-SUR-MARNE
Rabbi Mena'hem Mendel Mergui 33.1.49.30.89.66

GEORGIA

TBILISI
Rabbi Meir Kozlovsky 995.32.2429770

GERMANY

BERLIN
Rabbi Yehuda Tiechtel 49.30.2128.0830

DUSSELDORF
Rabbi Chaim Barkahn 49.173.2871.770

HAMBURG
Rabbi Shlomo Bistritzky 49.40.4142.4190

HANNOVER 49.511.811.2822
Chapter founded by Rabbi Binyamin Wolff, OBM

GREECE

ATHENS
Rabbi Mendel Hendel 30.210.323.3825

GUATEMALA

GUATEMALA CITY
Rabbi Shalom Pelman 502.2485.0770

ISRAEL

ASHKELON
Rabbi Shneor Lieberman 054.977.0512

BALFURYA
Rabbi Noam Bar-Tov 054.580.4770

CAESAREA
Rabbi Chaim Meir Lieberman 054.621.2586

EVEN YEHUDA
Rabbi Menachem Noyman 054.777.0707

GANEI TIKVA
Rabbi Gershon Shnur 054.524.2358

GIV'ATAYIM
Rabbi Pinchus Bitton 052.643.8770

JERUSALEM
Rabbi Levi Diamond 055.665.7702
Rabbi Avraham Hendel 054.830.5799

KARMIEL
Rabbi Mendy Elishevitz 054.521.3073

KFAR SABA
Rabbi Yossi Baitch 054.445.5020

KIRYAT BIALIK
Rabbi Pinny Marton 050.661.1768

KIRYAT MOTZKIN
Rabbi Shimon Eizenbach 050.902.0770

KOCHAV YAIR
Rabbi Dovi Greenberg 054.332.6244

MACCABIM-RE'UT
Rabbi Yosef Yitzchak Noiman 054.977.0549

NES ZIYONA
Rabbi Menachem Feldman 054.497.7092

NETANYA
Rabbi Schneur Brod 054.579.7572

RAMAT GAN-KRINITZI
Rabbi Yisroel Gurevitz 052.743.2814

RAMAT GAN-MAROM NAVE
Rabbi Binyamin Meir Kali 050.476.0770

RAMAT YISHAI
Rabbi Shneor Zalman Wolosow 052.324.5475

RISHON LEZION
Rabbi Uri Keshet 050.722.4593

ROSH PINA
Rabbi Sholom Ber Hertzel 052.458.7600

TEL AVIV
Rabbi Shneur Piekarski 054.971.5568

JAMAICA

MONTEGO BAY
Rabbi Yaakov Raskin 876.452.3223

JAPAN

TOKYO
Rabbi Mendi Sudakevich 81.3.5789.2846

KAZAKHSTAN

ALMATY
Rabbi Shevach Zlatopolsky 7.7272.77.59.49

KYRGYZSTAN

BISHKEK
Rabbi Arye Raichman 996.312.68.19.66

LATVIA

RIGA
Rabbi Shneur Zalman Kot
Mrs. Rivka Glazman 371.6720.40.22

LITHUANIA

VILNIUS
Rabbi Sholom Ber Krinsky 370.6817.1367

LUXEMBOURG

LUXEMBOURG

Rabbi Mendel Edelman 352.2877.7079

MEXICO

S. MIGUEL DE ALLENDE

Rabbi Daniel Huebner 52.41.5181.8092

PUERTO VALLARTA

Rabbi Shneur Hecht 52.32.2141.7279

NETHERLANDS

ALMERE

Rabbi Moshe Stiefel 31.36.744.0509

AMSTERDAM

Rabbi Yanki Jacobs 31.644.988.627

Rabbi Jaacov Zwi Spiero 31.652.328.065

EINDHOVEN

Rabbi Simcha Steinberg 31.63.635.7593

HAGUE

Rabbi Shmuel Katzman 31.70.347.0222

HEEMSTEDE-HAARLEM

Rabbi Shmuel Spiero 31.23.532.0707

MAASTRICHT

Rabbi Avrohom Cohen 32.48.549.6766

NIJMEGEN

Rabbi Menachem Mendel Levine 31.621.586.575

ROTTERDAM

Rabbi Yehuda Vorst 31.10.265.5530

PANAMA

PANAMA CITY

Rabbi Ari Laine

Rabbi Gabriel Benayon 507.223.3383

RUSSIA

ASTRAKHAN

Rabbi Yisroel Melamed 7.851.239.28.24

BRYANSK

Rabbi Menachem Mendel Zaklas 7.483.264.55.15

CHELYABINSK

Rabbi Meir Kirsh 7.351.263.24.68

MOSCOW

Rabbi Aizik Rosenfeld 7.906.762.88.81

Rabbi Mordechai Weisberg 7.495.645.50.00

NIZHNY NOVGOROD

Rabbi Shimon Bergman 7.920.253.47.70

NOVOSIBIRSK

Rabbi Shneur Zalmen Zaklos 7.903.900.43.22

OMSK

Rabbi Osher Krichevsky 7.381.231.33.07

PERM

Rabbi Zalman Deutch 7.342.212.47.32

ROSTOV

Rabbi Chaim Danzinger 7.8632.99.02.68

S. PETERSBURG

Rabbi Shalom Pewzner 7.911.726.21.19

Rabbi Zvi Pinsky 7.812.713.62.09

SAMARA

Rabbi Shlomo Deutch 7.846.333.40.64

SARATOV

Rabbi Yaakov Kubitshek 7.8452.21.58.00

TOGLIATTI

Rabbi Meier Fischer 7.848.273.02.84

UFA

Rabbi Dan Krichevsky 7.347.244.55.33

VORONEZH

Rabbi Levi Stiefel 7.473.252.96.99

SINGAPORE

SINGAPORE

Rabbi Mordechai Abergel 656.337.2189

Rabbi Netanel Rivni 656.336.2127
Classes in Hebrew

SOUTH AFRICA

JOHANNESBURG

Rabbi Dovid Masinter

Rabbi Ari Kievman 27.11.440.6600

SWEDEN

STOCKHOLM

Rabbi Chaim Greisman 46.70.790.8994

SWITZERLAND

LUZERN

Rabbi Chaim Drukman 41.41.361.1770

THAILAND

BANGKOK

Rabbi Yosef C. Kantor 6681.837.7618

UKRAINE

BERDITCHEV

Mrs. Chana Thaler 380.637.70.37.70

DNEPROPETROVSK

Rabbi Dan Makagon 380.504.51.13.18

NIKOLAYEV

Rabbi Sholom Gotlieb 380.512.37.37.71

ODESSA

Rabbi Avraham Wolf
Rabbi Yaakov Neiman .... 38.048.728.0770 EXT. 280

ZAPOROZHYE

Mrs. Nechama Dina Ehrentreu 380.957.19.96.08

ZHITOMIR

Rabbi Shlomo Wilhelm 380.504.63.01.32

UNITED KINGDOM

BOURNEMOUTH

Rabbi Bentzion Alperowitz 44.749.456.7177

CHEADLE

Rabbi Peretz Chein 44.161.428.1818

ESSEX

EPPING

Rabbi Yossi Posen 44.749.650.4345

LEEDS

Rabbi Eli Pink 44.113.266.3311

LONDON

Rabbi Moshe Adler 44.771.052.4460
Rabbi Boruch Altein 44.749.612.3342
Rabbi Mendel Cohen 44.736.640.8244
Rabbi Mechel Gancz 44.758.332.3074
Rabbi Chaim Hoch 44.753.879.9524
Rabbi Dovid Katz 44.207.625.2682
Mrs. Esther Kesselman 44.794.432.4829
Rabbi Mendy Korer 44.794.632.5444
Rabbi Eli Levin 44.754.046.1568
Mrs. Chanie Simon 44.208.458.0416
Rabbi Bentzi Sudak 44.781.211.1890
Rabbi Shneur Wineberg 44.745.628.6538

MANCHESTER

Rabbi Levi Cohen 44.161.792.6335
Rabbi Shmuli Jaffe 44.161.766.1812

RADLETT, HERTFORDSHIRE

Rabbi Alexander Sender Dubrawsky 44.794.380.8965

The Jewish Learning Multiplex

Brought to you by the Rohr Jewish Learning Institute

In fulfillment of the mandate of the Lubavitcher Rebbe, of blessed memory, whose leadership guides every step of our work, the mission of the Rohr Jewish Learning Institute is to transform Jewish life and the greater community through the study of Torah, connecting each Jew to our shared heritage of Jewish learning.

While our flagship program remains the cornerstone of our organization, JLI is proud to feature additional divisions catering to specific populations, in order to meet a wide array of educational needs.

THE ROHR JEWISH LEARNING INSTITUTE

A subsidiary of Merkos L'Inyonei Chinuch,
the adult educational arm of the Chabad-Lubavitch movement

Torah Studies provides a rich and nuanced encounter with the weekly Torah reading.

Jewish teens forge their identity as they engage in Torah study, social interaction, and serious fun.

The Rosh Chodesh Society gathers Jewish women together once a month for intensive textual study.

TorahCafe.com provides an exclusive selection of top-rated Jewish educational videos.

Participants delve into our nation's past while exploring the Holy Land's relevance and meaning today.

This yearly event rejuvenates mind, body, and spirit with a powerful synthesis of Jewish learning and community.

Equips youth-facing adults with education and resources to address youth mental health.

Select affiliates are invited to partner with peers and noted professionals, as leaders of innovation and excellence.

MyShiur courses are designed to assist students in developing the skills needed to study Talmud independently.

This rigorous fellowship program invites select college students to explore the fundamentals of Judaism.

A crash course that teaches adults to read Hebrew in just five sessions.

Machon Shmuel is an institute providing Torah research in the service of educators worldwide.

Made in the USA
Columbia, SC
03 November 2024